CATALOGACIÓN EN LA FUENTE

170   Mis valores : Aprender a convivir y ser persona / textos seleccionados
MIS   por Equipo Editorial. -- Montevideo, Rep. Oriental del Uruguay:
         Arquetipo Grupo Editorial, 2005.
         136 p. : il. ; 20 x 28 cm.

         ISBN 9974-7890-6-0

         1. ÉTICA. 2. ACTITUDES. 3. CONVIVENCIA. 4. VALORES.
         5. CIVISMO. 6. BUENAS COSTUMBRES. 7. RESPETO POR
         EL MEDIO AMBIENTE.

La presente edición
ARQUETIPO GRUPO EDITORIAL
ISBN de la obra: 9974-7890-6-0

Impreso en **Colombia**
D'Vinni Ltda.
Bogotá D.C. - Rep. de Colombia

Edición 2006

CRECER CON VALORES
APRENDER A SER PERSONA

STAFF

Creación y realización
Equipo editorial **CLASA**

ILUSTRADOR
Carlos Valle - Jorge Mercado

FOTOGRAFÍAS DE
Esteban Widnicky

Con una visión creativa
en libros para el gran público

**Montevideo - Buenos Aires - Bogotá D. C.
México D. F. - Madrid**

CATALOGACIÓN EN LA FUENTE

170   Crecer con valores : Aprender a ser persona / por Equipo Editorial. --
CRE   Montevideo, Rep. Oriental del Uruguay :
      © Latinbooks International S.A., 2005
      136 p. : il. ; 20 x 28 cm.

      ISBN 9974-7930-1-7

      1. VALORES HUMANOS. 2. ÉTICA. 3. CONVIVENCIA.
      4. CIVISMO. 5. BUENAS COSTUMBRES. 6. RESPETO POR
      EL MEDIO AMBIENTE.

Todos los derechos reservados
© **CULTURAL LIBRERA AMERICANA S.A.**

Derechos de edición internacional
© **LATINBOOKS INTERNATIONAL S.A.**
ISBN 9974-7930-1-7

Edición 2006

MENSAJE AL LECTOR

No alcanza con saber y hacer, es preciso aprender a ser, ser persona y sujeto social. Para ello, debemos transitar el camino de los valores, que es el único que favorece la convivencia y la vida democrática.

¡VAMOS A DESCUBRIR JUNTOS EL CAMINO!

CRECER CON VALORES
APRENDER A SER PERSONA

Con una visión creativa
en libros para el gran público

LATINBOOKS
International

A MODO DE PRESENTACIÓN

Educar en valores, fomentando una cultura de paz, es uno de los objetivos de las nuevas currículas educativas y con el que nos identificamos plenamente. Se trata de un objetivo en el que estamos empeñados y que asumimos con responsabilidad y compromiso junto a padres y docentes, ya que constituye una necesidad social, debido a:

* las dificultades que se dan en los distintos ámbitos de la sociedad contemporánea;
* la progresiva redefinición de roles en su seno;
* el pluralismo cultural;
* la masividad de las comunicaciones;
* la revolución científico-tecnológica;
* la creciente circulación de antivalores y pautas negativas de socialización;
* las graves transformaciones del medio ambiente.

Estos elementos, entre otros, configuran una realidad social compleja, inestable y conflictiva, en la que se generan demandas relacionadas con la formación en valores y actitudes de las jóvenes generaciones. En pos de ese logro nos preguntamos: ¿Qué es actuar bien o mal? ¿Por qué debemos aceptar ciertas normas de convivencia? ¿Cuáles son nuestros derechos? ¿Siempre son justas las normas que nos imponen? ¿Qué valores debemos defender?

Para encontrar las respuestas es preciso hacer una reflexión profunda que nos exige ahondar en los contenidos de la educación personal y social, ética y ciudadana. Para ello, a través de esta obra intentamos acercarnos a los problemas que se le plantean al ser humano en la convivencia con los demás. Indagamos el modo en que las pautas que regulan el funcionamiento de la sociedad fueron modificándose y también cómo la realidad nos muestra que aún quedan muchas cuestiones por resolver.

Organizamos esta obra en tres grandes unidades temáticas o capítulos:

- Valorarse a uno mismo.
- Valorar a los demás.
- Valorar el ambiente en que vivo.

Los contenidos de estas unidades se desarrollan con un lenguaje ameno y sencillo, pues se trata de una obra creativa, generadora de creatividad, que se propone *educar para la vida*. Además, se enriquece con el valioso aporte de innumerables notas fuera de texto, cuentos, testimonios, artículos periodísticos, opiniones, poemas y pensamientos notables. También se incluyen propuestas de actividades, distribuidas a lo largo de la obra, que estimulan el análisis y el debate.

Invitamos a padres, docentes y jóvenes, a pensar y reflexionar sobre la necesidad de construir una ética basada en la solidaridad, la tolerancia y la comprensión, para hacer de este mundo un auténtico lugar de paz, donde sea posible la convivencia. Los convocamos, pues, a compartir un mundo mejor, más humano, para gozarlo plenamente.

ÍNDICE

QUEDA PROHIBIDO

Queda prohibido llorar sin aprender,
levantarte un día sin saber qué hacer,
tener miedo a tus recuerdos.
Queda prohibido no sonreír a los problemas,
no luchar por lo que quieres,
abandonarlo todo por miedo,
no convertir en realidad tus sueños.
Queda prohibido no demostrar tu amor,
hacer que alguien pague tus dudas y mal humor.
Queda prohibido dejar a tus amigos,
no intentar comprender lo que vivieron juntos,
llamarles sólo cuando los necesitas.
Queda prohibido no ser tú ante la gente,
fingir ante las personas que no te importan,
hacerte el gracioso con tal de que te recuerden,
olvidar a toda la gente que te quiere.
Queda prohibido no hacer las cosas por ti mismo,
no creer en Dios y hacer tu destino,
tener miedo a la vida y a sus compromisos,
no vivir cada día como si fuera un último suspiro.
Queda prohibido echar a alguien de menos sin alegrarte,
olvidar sus ojos, su risa, todo
porque sus caminos han dejado de abrazarse,
olvidar tu pasado y pagarlo con tu presente.
Queda prohibido no intentar comprender a las personas,
pensar que sus vidas valen más que la tuya,
no saber que cada uno tiene su camino y su dicha.
Queda prohibido no crear tu historia,
dejar de dar las gracias a Dios por tu vida,
no tener un momento para la gente que te necesita,
no comprender que lo que la vida te da, también te lo quita.
Queda prohibido no buscar tu felicidad, no vivir tu vida con
una actitud positiva, no pensar en que podemos ser mejores,
no sentir que sin ti este mundo no sería igual.

Pablo Neruda

VALORARSE A UNO MISMO

¿Por qué valorarse a uno mismo? ¿Puede valorar a los demás quien no es capaz de hacerlo consigo? ¿Puede ser respetado quien no se respeta? Asumir la actitud de valorarse no es ser egoísta como podría suponerse. Es un paso fundamental para la convivencia. ¿Por qué? Busquemos la respuesta juntos, reflexionando sobre la afirmación de Erich Fromm (1900 -1980), reconocido sociólogo y psicoanalista estadounidense de origen alemán: "Ser capaz de prestarse atención a uno mismo es requisito previo para tener la capacidad de prestar atención a los demás; el sentirse a gusto con uno mismo es la condición necesaria para relacionarse con los otros".

Valorar es reconocer los méritos de una persona o cosa. La dignidad es el reconocimiento al valor del ser humano. La dignidad es autoestima, integridad y sentido de pertenencia. Cada ser es único y debe ser consciente de su importancia y de su compromiso.

Respeto por mi identidad

¿Qué es la identidad? ¿Por qué es importante tener una identidad? ¿Qué comportamientos te llevan a ello y cuáles no? Te invitamos a reflexionar sobre estas cuestiones y a encontrar algunas respuestas juntos, porque la identidad es algo que caracteriza a todos los seres humanos.

¿Qué es la identidad?

La **identidad** es aquello que **nos hace reconocibles ante los demás**. Tu nombre, tu cumpleaños, tu familia, tu nacionalidad, tu cuerpo, tu forma de ser, de pensar y de hablar, tus gustos, preferencias y muchas otras cosas conforman un tesoro único que sólo tú posees en el mundo. Ese tesoro que cada uno guarda celosamente es lo que se llama **identidad**.

Cada uno con su nombre

Una de las primeras palabras que aprendemos a reconocer es nuestro **nombre**, incluso antes de poder pronunciarlo. Generalmente es la primera palabra que aprendemos a escribir.

Hasta tu mascota lleva un nombre que habrás elegido con amor para ella.

Cuando un niño está por nacer, es común encontrar a la familia reunida buscándole un nombre apropiado.

Cuando esa familia no existe por diversos motivos o cuando no pudo quedarse con el bebé y ayudarlo a crecer, será otra familia, deseosa de darle amor, la que elegirá cómo se llamará. Nuestro nombre no es sólo una palabra igual a cualquier otra, porque quienes nos quieren y protegen lo han elegido para llamarnos, poniendo afecto en ello y, seguramente, han pensado en lo mucho que nos gustará escuchar su sonido o verlo escrito.

Una palabra trascedente

Tu nombre es muy importante. Te acompañará siempre en cualquier sitio, aunque no estés presente. Es una palabra trascendente pues será asociada a ti cada vez que se te recuerde.

Te identifica y encierra el afecto de quienes te ayudarán a crecer y de todos los que te aman.

A veces, los que nos quieren utilizan algún sobrenombre cariñoso que, si bien no reemplazará nunca al verdadero nombre, es aceptable como un gesto de simpatía y amor. Pero otras veces se utilizan odiosos apodos, que no

CONSTRUYENDO VALORES

Tu nombre es muy importante, cuídalo y siéntete orgulloso de él. Si realmente has reflexionado sobre su valor, ya te habrás dado cuenta del respeto que merecen los nombres de los demás y que la falta de respeto o la descalificación pueden provocar un daño difícil de reparar para una sana convivencia.

respetan la identidad, sencillamente porque están despreciando algo fundamental para la personalidad de cada ser y que representa su propia historia.

HAY ACTITUDES Y ACTITUDES...

Los **apodos** o **sobrenombres** despectivos provocan angustia y malestar en las personas y ayudan a ganarse enemistad y enojo.

Lee con atención
¿Qué diferencias encuentras en estas situaciones?

El chivo que quería estar a la moda

Asumir cómo somos con nuestros defectos y virtudes nos permite mostrarnos ante los otros con nuestra verdadera identidad. Sólo de este modo sincero y realista, es que podremos relacionarnos con quienes nos rodean

Cuentan que en Tetuán vivía un chivo bien chivo, con cuernos de chivo y barba de chivo. Pero lo que no era de chivo era su pretensión de estar a la moda y ser el animal más bello de Tetuán. Este chivo pasaba la mayor parte del tiempo contemplando su imagen en el lago. Cierta tarde de mucho calor, se acercaron allí una mona, una mariposa, un hipopótamo y un elefante.

El pretencioso chivo levantó la vista y observó con detenimiento a cada uno de los animales, reflexionó un rato y luego exclamó:

—¡Ya está! ¡He descubierto qué es lo que me afea y avejenta! ¡Es mi espesa barba! ¡Ningún animal la tiene! ¡Qué anticuado parezco!

Cuando llegó a su casa le contó a su padre, don Chivón, la conclusión a la que había llegado observando a los otros animales:

—Padre, nuestra barba no es bonita, ni nos da una apariencia a la moda. ¡Voy a afeitarme!

—No creo que tu aspecto físico sea mejor por no tener barba. Sólo serás un chivo al que le falta algo —dijo don Chivón—. Pero, claro, es bueno que lo compruebes por ti mismo...

El chivo ni alcanzó a escuchar las sabias palabras de su padre. Ya estaba lejos, en el centro de Tetuán, buscando quien le afeitara su barba.

—Buenos días, don Mono, me dijeron que usted es peluquero y puede quitarme esta barba para estar elegante y bien a la moda...

—Claro que sí —dijo el mono— pero acabo de venir de París y, allí, los chivos llevan barba... muy a lo chivo, igual que en el resto del mundo. Y, aunque el mono no compartía la decisión de su cliente de cambiar de aspecto, igual le recortó la barba.

Luego de ser bien afeitado, el chivo corrió presuroso a encontrarse con su novia. Grande fue su sorpresa al notar que ella no lo reconocía. Lo miraba y lo miraba... notaba algo familiar en sus ojos y pensaba que ese extraño ser —que no parecía chivo, ni carnero, ni oveja, ni cervatillo— tal vez con una elegante barba sería un chivo encantador.

EL AZULEJO CELESTE

Tener una identidad es ser diferente de los demás. Sin embargo, por la presión social, las personas tienden a uniformarse y a rechazar a aquellas personas que se apartan de ciertas formas o normas. ¿Se puede ser diferente? Veamos…

Era azul-celeste y estaba en una cocina de azulejos turquesas. Claro, se destacaba entre todos. Era distinto. Cualquiera que entraba en la cocina, lo primero que miraba era ese azulejo azul-celeste, diferente de las decenas de azulejos que estaban hombro a hombro, en las paredes. Todos eran de color turquesa. Él era azul-celeste. Desde

que lo colocaron en esa pared vio que era distinto de los otros. Ni más lindo ni más feo. Distinto.

Cuando se dio cuenta de que todos lo miraban supo que tenía dos caminos: o ser tímido y avergonzarse de ser diferente o sentirse orgulloso por ser único en el muro de la cocina. Algunos días deseaba que lo sacaran de allí y lo llevaran a una pared con todos los azulejos azul-celestes. Allí nadie lo notaría y sería igual a los demás. Otros días estaba contento de no ser uno más del grupo y sí el único de ese color.

Y en eso vivía: entre tímido y orgulloso. Entre orgulloso y tímido.

No es fácil la vida de un azulejo azul-celeste en una cocina turquesa.

"El azulejo azul-celeste de la cocina",
de Los versos de la Tía Paca y cinco cuentos,
Elsa Lira Gaiero, uruguaya (contemporánea).

LAS ENSEÑANZAS DE SÓCRATES

Para impartir a Alcibíades los conocimientos que consideraba necesarios y hacer de él un hombre apto para las funciones públicas, Sócrates utilizaba los procedimientos habituales que constituían su método de educación y enseñanza. Compartía con su discípulo largas discusiones, a través de las cuales llevaba al extraordinario joven por el camino de la verdad, de tal manera que descubriera las cosas por sí mismo.

—¿No crees, Alcibíades —le dijo en cierta oportunidad—, que antes de aprender a gobernar a los demás es conveniente primero aprender a gobernarse a uno mismo? Ahora bien, para llegar a gobernarse, ¿no es indispensable haber llegado, ante todo, a conocerse perfectamente? Antes, pues, de consagrarte a los demás, cuídate de ti mismo, y para cuidarte con provecho aprende, como el orden lo exige, a discernir claramente lo

que constituye lo mejor de ti.

¡Oh, mi querido Alcibíades! El hombre no puede perfeccionarse, hacerse mejor o vivir de acuerdo a sus ideales, si ignora lo que es. Es preciso, pues, que obedezcas ante todo al precepto esculpido en el templo de Delfos: "Conócete a ti mismo".

La familia, parte de nuestra identidad

Tu familia es parte de tu identidad, porque de ella aprendiste la mayoría de las cosas que sabes, adquiriste costumbres, modelaste tu forma de ser y le debes gran parte de lo que eres.
Del respeto que tengas hacia ella depende buena parte de tu felicidad y la de los demás miembros.

Reflexionemos

Cada familia construye su **convivencia** en base a **normas** que sus integrantes deben compartir y respetar para que las relaciones entre sus miembros sean las mejores posibles. Por ejemplo, se deben respetar los horarios destinados a las distintas actividades, los espacios que cada miembro posee dentro del hogar, los momentos destinados al encuentro y al diálogo familiar, los horarios de descanso, los paseos o las vacaciones, etcétera. La **unión** y el **respeto** dentro de una familia dependen, en gran parte, de la valoración y aceptación de esas normas, costumbres y ritos familiares. Este conjunto de actividades, comportamientos y actitudes conforman la **identidad familiar**.

Aprendiendo a cuidarse

Tu familia tiene el **deber de protegerte** mientras estés creciendo. Esta función es, generalmente, **responsabilidad de tus padres**, y por eso debes aceptar y obedecer sus decisiones, ya que tienen por fin último tu protección. Sin embargo, a medida que vayas creciendo, irá creciendo la responsabilidad por tu propio cuidado. Entonces deberás tomar decisiones por ti mismo. Esto sucede generalmente en el comienzo de la **adolescencia**, y suele ser un **período crítico**, en el que muchas de tus decisiones serán cuestionadas y, a la vez, tú cuestionarás algunas normas y costumbres familiares.

FAMILIARES BIOLÓGICOS Y FAMILIARES DEL CORAZÓN

La familia no necesariamente está formada sólo por personas que tienen vínculos de sangre entre sí. Muchas veces, también **otras personas son aceptadas, valoradas y respetadas como parte de la familia por los vínculos afectivos que nos unen a ellas**.
Es decir que, además de los *familiares biológicos*, también están aquellos que han sido aceptados por nuestro corazón y, por ello, valorados precisamente como *familiares del corazón*.

CONSTRUYENDO VALORES

No sólo tu apellido te identifica con tu familia, sino también una serie de **valores** que fuiste construyendo con ella mientras crecías y que es importante sostener como parte de tu propia identidad. Quien respeta a su familia, respeta una parte fundamental de su identidad. Para ello no es preciso realizar grandes hazañas.

Observa estas situaciones
Reflexiona sobre las actitudes y comportamientos de los personajes. ¿Con cuáles estás de acuerdo y con cuáles no? Fundamenta tu opinión.

No me gustan las pastas...

A mí tampoco, pero me gusta conservar la costumbre familiar...

¿No se cansa Amalia de cocinar todos los domingos?

Al contrario. Ella está orgullosa de continuar con la costumbre familiar y reunirlos a todos...

¿No te parece que puedes escuchar música después? Es el único día que estamos todos juntos y podemos compartir y dialogar en familia.

LOS PROBLEMAS ECONÓMICOS EN LA FAMILIA

Hay familias muy pobres, con serias dificultades económicas que les impiden cumplir correctamente con sus responsabilidades familiares. En estos casos será el Estado el que estará obligado a ayudarlas para que los niños no sufran la falta de protección, de cuidado y educación.

¿CÓMO PODEMOS AYUDAR LOS HIJOS?

Marca con una cruz las actitudes que consideres positivas de la siguiente lista:

○ Valorar lo que los padres les han podido dar, por poco que parezca.

○ Exigirles mayor dedicación a los problemas de los hijos.

○ Ayudarlos a recuperar la confianza en la familia y sus posibilidades.

○ Evitar las comparaciones con otras familias.

○ Asumir con resignación el estado de las cosas.

○ Cooperar en el cuidado e higiene de lo que se tiene.

○ Esforzarse por superar las dificultades.

Familias en problemas

En algunos momentos, los integrantes de una familia están muy unidos, pero en otros, los conflictos son problemas de difícil solución y, a veces, la familia se separa. En estos casos, la pareja deja de compartir un hogar.

Sin embargo, es importante saber que aún comparten **responsabilidades familiares**, como el amor, el cuidado y la protección de los hijos, mientras crecen. Esta situación suele ser dolorosa para los hijos, pero también para los adultos

Lápices en acción

Nunca está de más reflexionar sobre las actitudes que debemos tener los hijos para con los padres cuando éstos no se llevan bien. Para ello, te proponemos un pequeño **ejercicio de actitudes**: coloca la **S** de **siempre** o la **N** de **nunca** en la siguiente lista de actitudes que se debería tener con los padres, o no, cuando hay una crisis en la pareja.

☐ **Sacar provecho personal de las disputas hablando mal de la otra parte, en busca de favoritismo.**

☐ **Promover los acuerdos y no los desacuerdos.**

☐ **Proponer actividades en las que ambos estén de acuerdo o que puedan estarlo.**

☐ **Insistir con temas que profundicen las diferencias.**

☐ **Hacer comparaciones entre el papá y la mamá.**

☐ **Valorar los aspectos positivos de cada uno.**

Cuando llegamos a la adolescencia

La adolescencia es una etapa muy especial de la vida de las personas. Como no existen dos personas iguales, tampoco podemos afirmar que esta etapa comienza para todos a la misma edad.

Definiendo tu identidad

Generalmente, entre los diez y los trece años, el cuerpo comienza a experimentar grandes **cambios**.

Tanto las mujeres como los varones van modificando su aspecto corporal: poco a poco dejarán atrás sus características físicas de niños e irán pareciéndose más a los adultos. Estos cambios físicos estarán acompañados por otros no menos importantes en sus intereses, gustos, y estados de ánimo.

Es común que los adolescentes pasen de la alegría a la angustia con facilidad y que, en ocasiones, se sientan incomprendidos.

Para algunas cosas, el adolescente aún es chico y, para otras, ya ha dejado de serlo. Esto último provocará **conflictos personales** y en su familia, ya que las decisiones que debe tomar no siempre estarán a la altura de su madurez.

Tendrá dudas sobre sus posibilidades ante problemas de la vida cotidiana y también las tendrán los padres, que conocen los riesgos de elecciones equivocadas en esta etapa de su vida.

La libertad durante la adolescencia debe ir acompañada de confianza y diálogo familiar.

Actitudes que no ayudan

Es común, entre algunos grupos de adolescentes, divertirse hasta altas horas de la madrugada, sin la presencia de adultos, y así desafiar al peligro, experimentar aquellas cosas que no se les permiten aún en sus casas, y luego regresar al hogar para dormir durante el día. Estas actitudes no son positivas, porque se basan en la desconfianza mutua: el adolescente no confía en la compresión de

Es importantísimo que dialogues con tus padres, que respetes sus consejos y que no menosprecies la vida familiar, desafiando la voluntad de quienes más se interesan por tu bienestar y tu futuro. Tu familia te necesita tanto como tú la necesitas a ella para sentirte seguro, capaz de decidir con madurez, afianzando así tu identidad.

sus padres y éstos, a su vez, desconfían por la falta de comunicación con sus hijos. **Actuar con madurez es hacerlo con seguridad y esto sólo es posible a través de la confianza, el diálogo y la reflexión.**

Las cuatro íes

A medida que va definiendo su **identidad**, el adolescente adquiere mayor seguridad y madurez, lo que le permite responder tres preguntas básicas: *¿quién y qué soy?, ¿quién y qué quiero ser?, ¿cómo lo lograré?*
Para que esto suceda, será necesario el desarrollo paralelo de otras cuatro **"íes"**. ¿Vemos cuáles son?

Me gusta tener muchos amigos, pero a veces necesito estar sola para pensar y soñar...

• La **independencia** implica que cada vez tendremos más relaciones con personas de nuestra edad, con las que nos identificamos generacionalmente. Quiere decir que compartiremos una misma forma de hablar, de gesticular, y el gusto por ciertas expresiones artísticas juveniles, que consideramos como las que mejor interpretan lo

que nos pasa, lo que sentimos y lo que deseamos. Esto nos distanciará un poco de nuestros padres y de nuestros hermanos, sobre todo cuando las diferencias de edad son grandes. La modificación de la relación vincular infantil por otra más **independiente** puede ocasionar ciertas angustias, roces y conflictos que generan **crisis juveniles o de adolescencia.** En realidad, en todos los órdenes de la vida, al producirse **un gran cambio**, éste irá precedido por una **crisis**, porque sentimos que perdemos las cosas que nos daban seguridad, por más que ya no las necesitemos o nos resulten molestas.

• La **intimidad** es el espacio que requiere un ser independiente para elaborar sus afectos y dar inicio a sus relaciones sentimentales amorosas.
Todo cuanto pertenece a un joven es parte integral de su persona, de su individualidad y también de su privacidad. La invasión de la

intimidad viola las posibilidades de desarrollarnos con independencia e integridad, y afectará sin dudas, el desarrollo intelectual. Es decir, tendrá impacto sobre todos los aspectos de la identidad de la persona. Si disponemos de intimidad, aprendemos a **reconocer, manejar y expresar** algunas de **nuestras emociones y también resolver situaciones por nosotros mismos.**

- La **integridad** pone a prueba los valores incorporados desde distintos ámbitos, que conforman la moral. Ésta ya no se limita a lo aprendido en la familia o la escuela (aunque siempre será su base), sino que recibirá también la influencia de los amigos, los medios de comunicación, y las expresiones literarias y artísticas (libros, teatro, cine, música, etc.).

La integridad es entonces la capacidad de enriquecer los propios valores, sosteniendo sus principios básicos y poniéndolos a prueba permanentemente. La **libertad de elección** es fundamental en este proceso de integridad moral y jamás podría tener lugar sin independencia para decidir, intimidad para reflexionar y madurez intelectual para hacer uso de ella.

- El **intelecto** adquiere nuevas posibilidades, como el pensamiento abstracto, la capacidad de razonamiento lógico y deductivo, la interpretación de símbolos y de simbolizaciones.

Nuevos intereses

Estas **cinco íes** están muy conectadas entre sí y también con las relaciones de amistad que establecemos. Además, son las que hacen que muchas veces creamos que nuestras capacidades son más y mayores de lo que verdaderamente son, convirtiéndonos en idealistas.

Para desarrollar nuestra identidad en la adolescencia, nos relacionamos con personas del mismo sexo y edad; respecto de nuestra imagen corporal, buscamos

Si quiero ser independiente, debo hacerme cargo de mis cosas, ¿no te parece?

saber si nuestras transformaciones físicas son similares a las de los demás; también si los intereses y preferencias por la ropa, los entretenimientos y la música coinciden con aquellos con quienes nos identificamos.

Para elaborar nuestra independencia nos vamos alejando, en algunos aspectos, de nuestros padres y hermanos. Al mismo tiempo, nos apegamos a nuestros amigos o quizás a una persona a quien idealizamos y que nos provoca sentimientos de admiración, veneración, deslumbramiento o amor.

El **sentido de integridad** nos ayuda a aceptar o rechazar determinados valores; y, a través del intelecto, nos interesamos más por leer, por ir al teatro, al cine, por conocer la historia de nuestro país, la política, los prácticas deportivas, las actividades profesionales, etcétera.

EL AMOR VIENE MARCHANDO

Identificarse con ídolos es parte de una etapa. Pero no es indispensable imitarlos para lograr la aprobación de los demás. Al menos esto es lo que comprobó el protagonista de esta narración, cuando una personita se interesó por sus cualidades…

Cuando los árboles reverdecen, las abejas hacen la miel con las flores nuevas y el pájaro canta en la rama, los ratones del Campo del Hornero se bañan, se perfuman, se visten con ropa asoleada y salen a caminar. Si hay luna llena, nadie se priva de dar una vuelta por el patio de tierra, junto al brocal del pozo, donde se baila hasta el amanecer.

Se han lanceado muchos corazones en el Campo del Hornero. Y como no hay gato ni perro cazador, los ratoncitos llegan de todas partes, en grupos tan numerosos, que el que los viera diría que se trata de un éxodo.

Noche de luna llena fue, justamente, cuando llegó por primera vez al Campo del Hornero un ratón de Nueva York. Se llamaba Yony y venía de visita por una semana a la casa de sus tíos del maizal. Tal vez por su acento extranjero, o por lo lindo que cantaba las canciones de moda, Yony consiguió destrozar tantos corazones adolescentes en una noche como ningún otro en toda la historia.

Al amanecer, el espíritu de las jóvenes se había transformado.

Ninguna de ellas volvió a ser como antes. Deshechas en suspiros, hacían cola en la casa del primo de Yony, sólo para preguntar por él.

El primo de Yony, que no tenía la misma suerte con las jóvenes, se llamaba Jorgelino, poseía un par de dientes incisivos tan prominentes, que en la cantina lo habían contratado para destapar botellas.

A poco de regresar Yony a Nueva York, a Jorgelino se le ocurrió una idea genial: hacerse pasar por Yony. Para la próxima luna llena, se vestiría como él, se peinaría como él, hablaría como él, caminaría como él, en fin... sería idéntico en todo. Así podría elegir a la ratona que más le gustara entre las cuatro mil que acudirían a la fiesta, aunque ya estaba elegida de antemano por ser la más hermosa entre las hermosas: la hija del cantinero, Tormentita.

¡Ah! Tormentita tenía un candor, una figura, una manera de decir las cosas que a él le gustaba escuchar, que se había enamorado desde los pies hasta los dientes.

Los días siguientes volaron entre ensayos y preparativos. Cuando llegó el último cambio lunar y salió la decidida esfera como una bocha, todos los ratones se amontonaron junto al pozo. Nunca se los había visto tan enfervorizados, nunca tan entusiasmados, nunca en tal cantidad. Nunca tan parecidos a... ¿Yony?

Caramba... Todos los jóvenes habían decidido parecerse a Yony para tener su éxito.

Frente a semejante paredón de realidad, Jorgelino se sentó en el suelo y se dejó estar como un arbusto del paisaje. No había finalizado la noche, cuando alguien tocó su hombro por detrás y le dijo:

—¿Tú no eres el que destapa la botella con los dientes? ¿Cómo lo haces? ¡Me fascina! No lo puedo creer... ¡Qué dientes!

Jorgelino se volvió en su lugar. Era Tormentita la que hablaba. Ahí estaba ella, con sus ojos de almendra verde que se lo comían.

Alfredo Parra

Ser mujer...
ser varón...

Es evidente que, en la mayoría de las familias, las niñas y los varones reciben una educación diferente. De este modo, se intenta reproducir la identidad que se considera apropiada para cada sexo. Lo que se hace es limitar las capacidades que pueden desarrollar como personas "a secas".

El machismo

Este concepto se refiere a una práctica social muy antigua y difundida universalmente, pero no por esto menos dañina, injusta y discriminadora.

Desde épocas muy remotas, las sociedades humanas han diferenciado los roles masculinos y femeninos, tendiendo en muchos casos a desvalorizar a estos últimos al adjudicarles debilidad, falta de iniciativa y pasividad (actitudes que conforman un estereotipo). Basta hojear un libro de historia para descubrir el marcado predominio de los hombres sobre el mal llamado "sexo débil".

Lo mismo ocurre con la mayoría de las religiones, en las cuales la identificación del "Creador" suele ser masculina y, en algunos casos, la mujer es privada de sus derechos humanos por un supuesto "mandato divino".

En busca de una nueva identidad

Esta situación de desigualdad e inequidad provocó que, durante el siglo XX, muchas mujeres se organizaran para luchar por sus derechos. Y en esa lucha fueron acompañadas por muchísimos hombres con ideales de justicia, que renegaban del estúpido machismo que tanto daño ha provocado y sigue provocando en el seno de la familia y de la sociedad.

El dominio del varón en el orden familiar, económico, y político se denomina "patriarcado"

Más allá del rol individual, muchas mujeres trabajan juntas para generar actitudes más democráticas y maduras.

MUJERES EN LA HISTORIA

Aunque los textos históricos (escritos mayoritariamente por hombres) no lo reconozcan, las mujeres han tenido un papel fundamental en la construcción de la sociedad moderna y, en muchos casos, su protagonismo ha sido tan o más importante que el de los propios hombres. Bastaría citar algunos ejemplos, como *Juana de Arco, Sor Juana Inés de La Cruz, la reina Isabel de Castilla, Juana Azurduy, la "Pasionaria", Gabriela Mistral, Alfonsina Storni, Alicia Moreau de Justo, Eva Perón, Indhira Ghandi, la madre Teresa de Calcuta, Rigoberta Menchú, las Madres de Plaza de Mayo* o tantas otras, a lo ancho del mundo y a lo largo de la historia.

¿Cómo se manifiesta el machismo?

Esta **ideología** se pone en marcha cuando está por nacer un bebé, y la mamá y el papá quieren que sea "varoncito" porque es el primero. O, cuando nace una niña, dicen: "Igual la vamos a querer". Más adelante, se refleja en los juguetes que se regalan, las ropas, las palabras que se utilizan, los permisos...

El **dominio patriarcal** busca identificar, sistemáticamente, a la "buena mujer"como "la de su casa", y utilizar despectivamente "mujer de la calle" para atribuir una mala vida. Con un sentido opuesto, el "hombre con calle" es un hombre con experiencia, conocedor de los secretos de la vida; en cambio, el que no sale de su casa es considerado un "pollerudo" o un dominado.

Esta ideología nos habla a través de nuestros familiares y amigos, desde la TV o la letra de una canción; también, y muy especialmente, desde las instituciones educativas.

¿QUÉ ES EL GÉNERO?

Simone de Beauvoir -escritora francesa- decía que *mujer no se nace, sino que se hace*, haciendo un distingo entre la natural diferenciación biológica llamada **sexo** (de allí que seamos macho o hembra por nuestro cuerpo), y otra dimensión de carácter social que podemos llamar **género**, que representa el **conjunto de roles que se asignan a hombres y mujeres**. Cuando las personas hacen o dicen algo que no pertenece a estos roles fijos, son inmediatamente clasificados como "machona" (las mujeres), y "marica" (los varones), según los **estereotipos de género** que se corresponden con el sexo. Un prejuicio que discrimina dictatorialente lo que corresponde a cada cual, celebrando la subordinación de la mujer a la voluntad de los hombres, es una mentalidad que trata de hacer natural lo que es una **creación cultural**. Sin embargo, la dominación patriarcal no nace de una diferencia de la naturaleza sino que es una consecuencia de la historia.

> Ahora no puedo: los sábados nos toca a mi hermana y a mí hacer la limpieza de la casa... y todavía no terminé con los pisos...

DOLOROSAS COINCIDENCIAS

Hace unos años, John Lennon afirmó: **"La mujer es el negro del mundo"**. De este modo, quiso advertir que, a los conflictos raciales, se superpone y expande otra opresión más vasta y profunda, cuyos efectos pueden encontrarse en todas las latitudes, entre gente de toda condición económica y social, y seres de diversas religiones y diferentes ideologías. Incluso, personas opuestas por las causas más antagónicas, a veces coinciden en promover y mantener la sujeción de la mujer. Y no obstante, ese hecho es ignorado por la inmensa mayoría, y hasta aceptado como algo natural o incuestionable.

Ocurre que no sólo la mayoría de los hombres participa del prejuicio de la inferioridad femenina, sino que también hay muchas mujeres **"machistas"**, que tampoco reaccionan ante la dominación que padecen o simplemente la justifican como algo natural. La **ideología** que concibe a la mujer como un ser indigno de los mismos derechos que los hombres es tan insidiosa, penetrante y antigua, que no anida sólo entre **"cavernarios"** recalcitrantes sino también entre espíritus **"progresistas"**. Surge en nuestros actos cotidianos, a pesar de nuestros dichos.

Una educación diferente y no, "diferenciada"

El siglo XX se caracterizó por el vertiginoso avance tecnológico y las luchas libertarias. A esto se sumaron también las mayores ideas fuerza de la modernidad: **igualdad y progreso**. Sin embargo, cuando universalmente se dice que todos los seres humanos somos iguales, y tenemos los mismos derechos, aún se acepta la subordinación de la mujer. Pero el sexismo, enemigo de la libertad y la igualdad, puede y debe ser vencido con la labor educativa. **Cambiemos nuestra mentalidad, descubramos nuestros prejuicios y rompamos una cadena inaceptable.**

CONSTRUYENDO VALORES

Las diferencias físicas y la construcción de los roles no pueden en ningún caso atentar contra la igualdad de derechos ni contra la autoestima de la mujer. La inteligencia y la valentía no son un patrimonio de los hombres, y la fuerza no suele estar tan ligada a la musculatura como a la rectitud de las acciones y a la voluntad de justicia. Tanto hombres como mujeres deben respetarse mutuamente, pues el mundo se vuelve hostil, violento e injusto cuando esto no sucede. El prejuicio **machista** o sexista es una concepción que **esclaviza a dominados y a dominadores**. No puede considerarse digno quien debe soportar su propia postergación ni quien depende de otros a quienes pisotea. En esta etapa de la historia, la inferioridad de la mujer no puede ser tolerada, ni por hombres ni por mujeres. Debemos cambiar nuestra propia mentalidad para modificar la de nuestros padres, compañeros y maestros, pero no lo haremos, sino juntos, educándonos unos a otros.

23

Valores y actitudes que enriquecen a los varones

A los varones se nos ha impuesto culturalmente la pesada carga de ser los del "sexo fuerte". Esta etiqueta arrastra conceptos dañinos para nuestro desarrollo personal: limita la capacidad humana de expresarnos libremente, sin ataduras (como la inaceptable frase "los hombres no lloran"). ¿Por qué subordinar las emociones por el hecho de ser varón?

Aprendamos, pues, a ser personas y sujetos sociales.

* Expresemos nuestras emociones y estados de ánimo con libertad. La risa, el llanto, el asombro, la desilusión... son expresiones comunes a todos los seres humanos, y no privativas de varones o mujeres.

* Liberemos también nuestros sentimientos y nuestra genuina necesidad de aceptación y afecto. El ser humano es un ser social y como tal necesita comunicar lo que siente para unir lazos con su familia, estrechar vínculos con sus amigos y amigas, compañeros y compañeras... Y poder así establecer una sana relación de pareja.

* Ejercitemos el coraje emocional como virtud. Es decir, aquel que se ejerce asumiendo los desafíos de la vida cotidiana y superando miedos y temores (como el miedo a hacer el ridículo al hablar en público, por ejemplo).

* Digámosle no a la agresividad y la violencia (y terminemos con el mito del varón "duro"). Gastemos nuestra energía de un modo productivo -practicando deporte, por ejemplo- en vez de derrocharla en actitudes irracionales.

* No aceptemos el mito de que los varones no se interesan por la lectura. Desde todo punto de vista, la lectura de un buen libro nos enriquece y nos hace crecer. Hay libros para todos los gustos: de animales, descubrimientos, experiencias científicas, y también narraciones fantásticas, de ciencia ficción... Elijamos uno que nos interese, leámoslo en los ratos libres y comentemos nuestras impresiones con la familia, con los amigos...

* Colaboremos con las tareas de la casa. Limpiar, lavar los platos, hacer la compra de todo lo que necesita la familia nos volverá más responsables, además de hacernos sentir más útiles. Y no dejemos que nadie se encargue de ordenar nuestras cosas o recoger la ropa sucia.

Esta lista podría seguir... Pensemos en todas las actitudes que podríamos modificar para ser seres humanos completos y enriquecer nuestra personalidad como varones, pero sin etiquetas.

Para mejorar la autoestima y la confianza en las niñas

No existen seres humanos de segunda categoría: una mujer, ya sea niña, adolescente o adulta, merece gozar de iguales oportunidades que un varón, tanto en el ámbito social como en la faz educativa, doméstica o laboral. Entonces, como mujeres, no debemos restringir nuestras capacidades aceptando que se nos imponga la etiqueta de "sexo débil".

Ninguna sociedad es completa si limita a las personas que viven en ella. No aceptemos, pues, las actitudes machistas de cualquier tipo, porque cercenan las aptitudes de las mujeres y también las de los varones.

✻ Aprendamos a ser independientes y a desempeñarnos de acuerdo con nuestro criterio, sin depender de la aprobación masculina.

✻ No menospreciemos nuestras capacidades intelectuales. La inteligencia es una facultad inherente al ser humano.

✻ Valoremos y aceptemos nuestro cuerpo tal como es, y rechacemos la tiranía del ideal estético de moda, que nos impone modelos femeninos tipo "muñeca Barbie".

✻ Reflexionemos en familia sobre la importancia de no dejarse llevar por prejuicios, y construyamos juntos un modelo de convivencia que refleje el ideal de igualdad.

✻ Exijamos que las tareas domésticas sean una responsabilidad compartida por las hijas y los hijos por igual.

✻ Del mismo modo, busquemos juegos en común... y una positiva y necesaria complicidad entre el padre y las hijas, y entre hermanos y hermanas (no sólo entre los varones de la familia).

Son muchas las cosas que podemos hacer para demostrar todas nuestras capacidades. El secreto es sentir que podemos, y jamás valernos de nuestras limitaciones para conseguir algo.

EL GNOMO ROSA

¿Debemos subordinar nuestros sentimientos, emociones o deseos al hecho de ser varón o ser mujer? ¿Somos libres realmente cuando nos guiamos por pautas míticas de comportamiento, relacionadas con la feminidad y la masculinidad?

Hace mucho, mucho tiempo, el gnomo rosa vivía en la Tierra. Dicen que era sabio desde antes que aparecieran en nuestro planeta los dinosaurios. Le encantaba la humedad y la oscuridad del bosque, de donde nunca salía y era feliz rodeado de animalitos. Un día comenzó a oír voces, voces de gente.

Esto despertó su curiosidad y se dedicó a espiar a los que entraban al bosque por leña o a pasear. Pronto, su interés por conocer a la gente lo llevó fuera de los límites de su selva, a pueblos y ciudades donde, siempre escondido, escuchaba largamente las cosas que decían hombres y mujeres.

Así descubrió algo sorprendente: los seres humanos se habían repartido los sentimientos y también las emociones. "Alguien" había determinado alguna vez que unos eran para los hombres y otros, para las mujeres. Se decía que los hombres podían ser fuertes, enojarse y tener mucha ira, la cual podían mostrar, pero nunca debían llorar.

En cambio, las mujeres podían llorar y ser débiles, pero nunca mostrar ni fuerza, ni rabia, ni ira.

Sólo las mujeres podían tener miedo y los hombres, valentía..."¡Qué absurdo!", dijo el gnomo rosa mientras veía hombres tristes haciendo esfuerzos por no llorar, mujeres furiosas que guardaban silencio, hombres asustados disimulando su miedo y mujeres que lloraban por cualquier cosa para aparentar ser débiles.

"¡Así no se puede vivir más!", decía el gnomo. Todas estas creencias de la gente habían hecho que reinara una gran confusión: ¿Para quién era la risa? ¿Para los hombres? ¿Para las mujeres? ¿Para quién? Por no expresarse libremente, todo el mundo andaba serio, nadie reía.

Entonces, de tanto fingir, confundir los sentimientos y las emociones, de tanto aguantarse para no expresar lo que sentían, de desconfiar de los demás, muchas veces los seres humanos ¡explotaban...! Entonces ocurrían mentiras, guerras, crímenes, injusticias, ¡tantas cosas malas!

Desesperado ante esta situación, el gnomo rosa reunió a un grupo de personas (de esto hace mucho tiempo) y les propuso algunas cosas. Les dijo que estaban confundidos, que los sentimientos y las emociones son de todos, de hombres y mujeres por igual.

No había por qué fingir, ni disimular, ni evitar expresarse libremente. Les dijo que tomaran todas las emociones y los sentimientos, y los estudiaran, los conocieran, aprendieran sus nombres y los amaran. Les propuso que los repartieran por todo el mundo, a toda la gente, y esa gente los hiciera suyos, mostrándolos.

Fragmento de: "Guía Básica de Educación para la Vida Familiar", México, SEP-CONAP.

El águila y la hormiga

**No importa nuestro lugar en la sociedad ni nuestro sexo ni nuestra edad.
Nunca debemos sobredimensionar nuestro poder ni subestimar a los otros.
¡Muchas cosas podrían sorprendernos!**

En el hueco de uno de esos peñones, altísimos y helados, tenía su nido un águila. Reposaba indolentemente después de una accidentada y fructuosa cacería, cuando, de pronto, una hormiga que había ascendido por el peñón hasta la altura del nido, le dijo con respetuosa voz:

–¡Señora águila! ¡Buenos días!

El águila volvió la cabeza, le dirigió una mirada fulminadora, y no contestó.

La hormiga creyó que no había sido oída y repitió con voz más fuerte:

–¡Buenos días!

–Es increíble que en un cuerpo tan pequeño quepa tanta audacia –digo el águila–. Tu mejor homenaje debería ser el silencio.

–Señora, mi pequeñez no debe... –dijo la hormiga–.

Pero no continuó, pues el águila, levantando el cuello, lanzó un picotazo en dirección a la hormiga, para aplastarla. El choque con la roca fue muy fuerte, como el de un golpe de cincel; pero no lastimó a la hormiga, sino que ésta salió proyectada, y en vez de rodar por el abismo, por una curiosa casualidad cayó sobre la cabeza del águila. En la caída, la hormiga naturalmente se golpeó, pero logró descender hasta la piel del ave y se agarró fuertemente al pie de una pequeña pluma. Repuesta ya del susto y sintiéndose bien afianzada, comprendió que en aquel instante su situación era muy ventajosa. Esta reflexión le dio ánimo para decir al águila en voz alta:

–¡Señora águila! ¡Ahora quien manda soy yo!

El águila sacudió la cabeza como un Júpiter indignado. La hormiga le aplicó un mordisco. Entonces el águila sacó una pata del nido e inclinó la cabeza, para rascarse y destruir con la garra a aquel huésped inoportuno. La hormiga la mordió otra vez, y se preparó para la lucha, lucha espantosa y larga entre su agilidad y la fuerza ciega de la garra. A cada zarpazo mal acertado, la hormiga contestaba con un fuerte mordisco. Como la cabeza ya estaba sangrando, el águila comprendió que ella misma con su garra se estaba hiriendo, en tales condiciones, la lucha era muy desigual. Entonces se quedó quieta y le dijo a la hormiga:

–Di: ¿qué quieres?

–Que vueles –contestó la hormiga.

El águila agitó sus alas y, con un ruido semejante al crepitar de un viejo velero, se lanzó al espacio, pasó por sobre llanuras y bosques y montañas, en raudo vuelo, luchando contra las iras del viento.

La hormiga estaba maravillada ante el divino espectáculo de aquella sucesión de horizontes y pensó: "¡Qué vasto es el mundo! Yo no habría podido recorrer esa extensión ni en cinco mil años!". Y ebria de azul y de infinito, gritó al águila: –¡Más arriba!

Y el águila subió y subió hasta llegar a las nubes; pero luego se la vio descender a todo vuelo, jadeante de cansancio, y fue a posarse sobre una elevada cresta cubierta de árboles seculares. Entonces la hormiga soltó la pluma, rodó sobre el plumaje del águila y cayó desvanecida entre las exuberantes y húmedas hierbas.

La moraleja es viejísima, como el mundo, y dice que **no debemos desdeñar a los pequeños, y mucho menos ofenderlos; porque el destino se complace a veces en ponerlos sobre nuestras cabezas para hacer más humano nuestro corazón y para castigar nuestra soberbia.**

*Cuento originario de Honduras,
de Luis Andrés Zúñiga*

La identidad colectiva

Es importante reconocerse como miembro de una comunidad, de una nación, de una patria, donde se comparte mucho más que un territorio. La historia y las costumbres de tu país forman parte de tu identidad, porque te diferencian de los niños de otros pueblos, de otras naciones.

Nuestro lugar en el mundo

Todos tenemos un lugar en el mundo: formamos parte de una **nación**, de una **patria**. No sólo por haber nacido en un territorio, sino también por compartir costumbres, gustos, tipo de vestimentas, formas de hablar, personajes, héroes, una historia y símbolos que nos identifican a todos.

Aunque no conozcamos a todos nuestros compatriotas, lo cierto es que nos unen a ellos vínculos afectivos.

Es común ver a gente que no se conoce, abrazarse emocionada ante un gol de su seleccionado nacional y hasta agitar banderas a modo de saludo. También hay personas que se emocionan hasta las lágrimas al escuchar canciones que hablan de su país, o se ponen muy contentas al saborear una comida típica cuando están en tierras extranjeras.

¿Qué es y qué nos une a la nación?

La **nación** es anterior al Estado pues, antes que las leyes, el gobierno o el mismo territorio, lo que en verdad une a un conjunto de personas en una nación es el **sentimiento de pertenencia** a ella. Aun antes de que existieran los actuales Estados hispanoamericanos, los criollos poseían un sentimiento patriótico, que fue madurando con el correr de las generaciones hasta diferenciarse totalmente del sentido de pertenencia a la España europea. A esos patriotas del siglo XVIII y XIX, que se reconocían con la **nacionalidad americana**, les incomodaba ser colonias del Estado español, y decidieron forjar los actuales Estados americanos. Hombres como **Bolívar, San Martín, Miranda** o **Hidalgo** se sintieron unidos a sus compatriotas, y fue ese sentimiento el que los llevó a luchar por la libertad, la independencia y a formar un Estado que los representase, respetando su identidad.

¿Qué es la pertenencia a una patria?

El poeta austríaco Rainer María Rilke decía: "La Patria de una persona es la niñez. Es decir, lo que uno ha visto, lo que ha tocado, comido, hablado,

CONSTRUYENDO VALORES

¿A través de qué actitudes se valora y respeta la identidad nacional? Uno de los caminos, sin duda, es ejercer la libertad con responsabilidad. Esto implica: cumplir con nuestros deberes en todos los ámbitos de la vida cotidiana y gozar de nuestros derechos, respetando los derechos de los demás; participar con madurez, comprometerse, tomar decisiones midiendo antes las consecuencias...

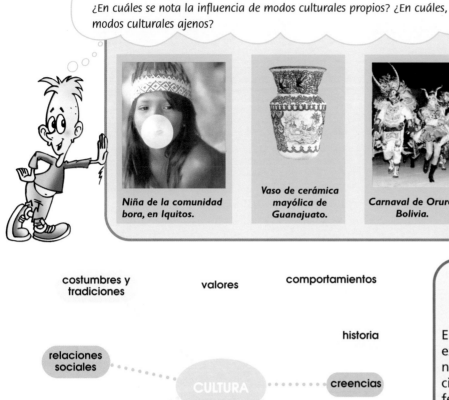

Observa los elementos culturales en estas ilustraciones.
¿En cuáles se nota la influencia de modos culturales propios? ¿En cuáles, modos culturales ajenos?

Niña de la comunidad bora, en Iquitos.

Vaso de cerámica mayólica de Guanajuato.

Carnaval de Oruro, Bolivia.

En Colombia, hay muchos grupos de rap, que es una expresión artística nacida en los barrios pobres de Nueva York.

costumbres y tradiciones

valores

comportamientos

relaciones sociales

historia

CULTURA

creencias

artes plásticas

literatura

ciencia y tecnología

música

danzas

idioma

LA PATRIA GRANDE

En el continente americano existe una gran familia de naciones hermanas que nacieron con pocos años de diferencia entre sí y que no sólo comparten costumbres, idioma, héroes e historia, sino también realidades parecidas. Es la Patria Grande latinoamericana, aquella que soñaran unida grandes hombres de nuestra historia como **Simón Bolívar, José de San Martín o Miguel Hidalgo,** entre otros.

oído..., en una palabra: lo que uno ha aprendido a amar desde la infancia, eso es la patria". En ese sentido, para pertenecer a una nación no basta con obedecer sus leyes y ocupar su territorio. También un extranjero podría vivir en nuestro territorio y obedecer nuestras leyes, pero sin embargo podría estar sintiendo que su patria está en otro lugar.

La **patria** es, entonces, el **sentimiento que nos ata a la tierra donde hemos crecido**; es un sentimiento que compartimos, además, con otras personas a las que consideramos compatriotas y con quienes conformamos una nación.

Una cultura compartida

Ahora bien, lo que hace que nuestra **cultura nacional** nos enorgullezca es precisamente que es "nuestra". Podemos y debemos respetar, valorar e incluso disfrutar de otras expresiones culturales. En la medida en que lo hagamos, seremos más universales, pero

sólo podremos encontrarnos y valorar a otras culturas si antes hemos encontrado y valorado la nuestra. Aquí las cosas son parecidas a nuestro desarrollo a partir de la familia: podremos funcionar con mayor efectividad en grupos sociales fuera de la familia si primero nos hemos formado dentro de ella. Asimismo, seremos capaces de funcionar como pareja o como familia si antes nos hemos formado como individuos.

Construyendo Valores

Los seres humanos podemos tener diferentes rasgos, diferente color de piel, diferente nacionalidad, diferentes creencias y costumbres... Todo eso hace a la *identidad* de cada uno, una identidad que merece ser respetada.

Rigoberta Menchú, luchadora infatigable por la justicia y la igualdad de los indígenas de su país, Guatemala.

Con la identidad negada

En nuestro continente hay naciones cuyas identidades no fueron respetadas. Hay pueblos enteros cuyas costumbres fueron cambiadas por la fuerza y la avaricia del conquistador desde hace más de quinientos años. Ésta es una deuda aún pendiente para los actuales americanos. En muchos países de América Latina, donde **la mayor parte de la población es indígena,** se siguen practicando gravísimas discriminaciones por el color de piel, el origen racial, el idioma o la cultura, elementos que identifican a pueblos, que desde hace miles de años habitan nuestro suelo. En efecto, el indígena suele ser visto por muchos americanos como sinónimo de atraso, incultura o como restos de un pasado vergonzoso que debería desaparecer. Tan desvalorizados han sido, que en no pocos lugares se los llamó salvajes y se los asoció a la idea de potenciales delincuentes.

La identidad de las naciones indígenas fue maltratada, humillada y en muchos casos exterminada. Sin embargo, desde hace unos cuantos años existe en el mundo la intención de reparar aquellas actitudes. Precisamente, en 1992, al cumplirse quinientos años de la conquista de América, una indígena guatemalteca, llamada **Rigoberta Menchú**, obtuvo el **Premio Nobel de la Paz** por su lucha a favor de los derechos del indígena y en reconocimiento a su labor y su compromiso por la justicia social.

En el año 1993, la Organización de las Naciones Unidas declaró el **"Año Internacional de los Pueblos Indígenas"** y se recomendó a los países del mundo entero reconocerles sus derechos postergados por siglos.

UN PUEBLO — es — un grupo de personas — que comparten — que se halla — organizado institucionalmente — conforma — UNA NACIÓN — con — instituciones políticas — valores cívicos comunes

elementos comunes — geográficos — culturales — étnicos — políticos — éticos

un territorio — un pasado — una lengua — tradiciones, costumbres, creencias... — rasgos físicos — ideales constitucionales — valores, aspiraciones, ilusiones, anhelos...

Respeto por mi cuerpo

El cuerpo es la presencia en el mundo de la condición humana. Nadie es persona sin su cuerpo, pero no es sólo el cuerpo lo que hace a la persona. A través de él te expresas, te relacionas y también te identificas. Es tu parte más visible, más palpable, más material. Es tu conexión con el mundo que te rodea y siempre estás poniéndolo en juego: en cada acción, durante el descanso y la comunicación. Por eso debes prestarle atención, considerarlo y valorarlo; en una palabra: respetarlo.

👫 Soy como soy

Tu **cuerpo** es único, al igual que tu nombre, tu familia y tu patria. Tu **apariencia física** es como la envoltura de un regalo, lo más importante está adentro; pero, sin embargo, a ti te gustan los regalos envueltos prolijamente. Tal vez no te fijes en el color del papel, ni si es grueso o finito, liso, rayado o estampado. Seguramente te fijarás

en que no esté roto, arrugado o manchado, en fin, desprolijo y descuidado. Con tu cuerpo sucede algo parecido, porque, de alguna manera, es el **regalo que la naturaleza te hizo a ti** para disfrutar de todo cuanto hay en ella. No importan su tamaño, su color, ni su forma tanto como el hecho de conservarlo en buenas condiciones, y no sólo en su envoltorio, sino también en su contenido. Respetar tu cuerpo es ser agradecido con la naturaleza, y una de las formas de respetarlo es aceptándolo tal cual es. Si la naturaleza te ha presentado de esta manera ante el mundo, es porque quiso identificarte así, tal como se te ve. Tu rostro, tus brazos, tu torso, tus piernas, tus cabellos y cada una de las partes de tu cuerpo también forman parte de tu identidad y, al igual que el nombre, la familia o la patria, se deben lucir con orgullo.

Tiempos de cambio

Es probable que un día te mires en el espejo y encuentres que la imagen que te devuelve no es aquella que reconocías y te era tan familiar. ¿Qué sucede?

¿Qué me pasa?

Como tú sabes, entre los 10 y los 14 años, el cuerpo atraviesa un proceso de grandes cambios. ¿Los has notado ya? Los más importantes -o los que resultarán más novedosos para ti- son los que tienen que ver con la madurez sexual.

En las niñas, es la época en la que se manifiesta la primera **menstruación** y en los niños las primeras **poluciones nocturnas**. Estas novedades anuncian la llegada a la **pubertad**, pero esto quiere decir que ya has atravesado el camino que te ha llevado hasta ella.

Al contrario de otros procesos (como es el de maduración psicológica e intelectual), los cambios a nivel corporal, en la mayoría de los casos, ocurren de una manera más rápida de lo esperado. En las niñas comienzan a crecer los senos, se ensanchan un poco las caderas y aparecen los primeros vellos en la zona próxima a los genitales. En los varones, crecen los órganos genitales, aumenta el perímetro torácico, también aparecen vellos en el pubis y en las axilas. Todas estas transformaciones pueden desconcertarte un poco, sin embargo, es impor-

tante que las aceptes como un proceso natural.

El espejo, un amigo indispensable

No sólo tu cuerpo está cambiando; **tu estado de ánimo fluctúa** permanentemente. Puedes pasar de la alegría a la tristeza rápidamente sin siquiera saber el motivo; puedes querer estar solo/a o rodeado/a de gente todo el tiempo; puedes... no saber siquiera qué quieres. ¡Qué locura!, ¿no?

Quizá te resulte extraño, pero lo cierto es que no lo es. Todas las personas que observas, tan seguras de sí mismas, atravesaron esta etapa vital: desde tu maestra hasta el presidente de tu país. Sí, todos. Por eso, es indispen-

sable que aprendas a tenerte paciencia. El espejo será tu mejor aliado para aprender a reconocerte. En el comprobarás, día a día, los cambios que te suceden. No te enojes si un pantalón ya no te queda bien o un suéter ya es corto de mangas. No te desesperes si tus amigos pueden comprarse ropa en locales para adultos y tú aún no consigues talle allí. Tarde o temprano tendrás un cuerpo similar al de otros adultos y depende de ti que te lleves bien con él. Tal vez no sea un cuerpo perfecto, como los que ves en las revistas o en la televisión, pero será el tuyo. A través de él, **podrás tener una vida plena**: hacer deporte, disfrutar de la sexualidad, caminar al aire libre, bailar...

Actitudes saludables

Si queremos disfrutar al máximo de las posibilidades que nos ofrece nuestro organismo, tenemos que valorarlo. Es decir, ser conscientes del cuidado que necesita y adoptar actitudes que favorezcan su pleno desarrollo, a pesar de sus limitaciones.

Higiene y salud

La higiene de tu cuerpo, es decir, su mantenimiento limpio y prolijo, es fundamental para sentirte sano y bien contigo mismo. Estar sano significa gozar de buena salud. Cuando una persona aprecia algo, lo cuida, lo protege, lo mantiene limpio y sano, impidiendo que se deteriore o se vea desagradable. Si realmente sientes aprecio por tu cuerpo, deberías hacer lo mismo. ¿No te parece?

Estar **limpios** nos vuelve agradables, nos hace sentir bien y fundamentalmente nos protege de las enfermedades. La vida, en nuestro planeta, se originó en el agua; y **el agua** es también la cuna de la higiene y la salud.

¿Qué son las enfermedades y cómo prevenirlas?

Nuestro cuerpo puede padecer fallas en su normal funcionamiento. Cuando una persona sufre un deterioro de su salud, se dice que está enferma. Hay enfermedades que, con un tratamiento médico, se pueden curar; y otras que todavía no se descubrió

¿CÓMO DEFINIR LA SALUD?

Según **la Organización Mundial de la Salud (OMS)**, salud "es el estado de completo bienestar físico, mental y social, y no solamente la ausencia de afecciones o enfermedades".

cómo tratarlas para curarlas definitivamente. Algunas las traemos desde el nacimiento y otras se pueden contraer.

De tus actitudes y de tu higiene también dependerá, la posibilidad de evitar contraerlas.

Mejor prevenir

Las posibilidades de adquirir enfermedades se reducen con una **alimentación variada** y apropiada, con la **aplicación de todas las dosis de vacunas** indicadas por tu médico, con **ejercicio físico** adecuado, con darle a tu cuerpo las horas de **descanso** necesarias, y manteniendo su higiene en un ambiente que tú puedes hacer más placentero, decoroso y sano. Como ves, una **vida sana depende en gran parte de ti**, de cómo administras tu tiempo libre, dándole un lugar a la práctica de algún deporte, respetando un mínimo de ocho horas de sueño diario en horarios adecuados, aseando tu cuarto, tus elementos personales y mascotas, así como también evitando concurrir a sitios antihigiénicos o permaneciendo lo mínimo indispensable en ellos cuando no tengas otra alternativa.

Acciones positivas para cuidar tu salud

• Incorporar hábitos de higiene

Bañarse diariamente, lavarse las manos antes de comer y después de ir la baño, cepillarse los dientes después de cada comida, asear la ropa. Lavar las frutas y las verduras con cuidado y mantener los alimentos lejos de las moscas.

• Alimentarte adecuadamente

Comer en forma equilibrada, tratando de seguir una dieta que incorpore todos los nutrientes que necesitas para estar sano.

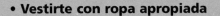

• Vestirte con ropa apropiada

Usar una vestimenta cómoda, que no oprima partes del cuerpo ni dificulte la circulación de la sangre, y que se adapte a las condiciones climáticas, como el frío, el calor, etcétera.

• Concurrir al médico periódicamente

Acostumbrarse a visitar al médico y al odontólogo para hacer un seguimiento de las condiciones físicas.

CONSTRUYENDO VALORES

La buena salud es una de las condiciones fundamentales para la integridad y el desarrollo personal. Por lo tanto, una de las máximas responsabilidades que tiene cada uno es cuidar su propio cuerpo, desarrollando hábitos y conductas de higiene que favorezcan la salud y mejoren el aspecto personal.

Es importante, además, tener una buena información sobre la forma de prevenir enfermedades y trastornos físicos, y poner en práctica los consejos médicos.

Discapacidad

Los seres vivos, y los humanos en particular, no sólo somos un cuerpo capaz de actuar ante diversas situaciones. Si tu cuerpo no pudiese responder a las órdenes de tu cerebro, tus capacidades se verían limitadas. En estos casos se dice que una persona sufre una **discapacidad** para realizar determinada actividad. Hay **discapacidades permanentes**, es decir, para siempre; y hay otras **transitorias**, es decir, por un tiempo.

¡Evitemos los accidentes!

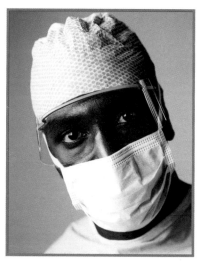

Todos podemos sufrir una discapacidad en algún momento de nuestras vidas. Si respetas tu cuerpo, es decir si lo valoras, es posible que puedas disfrutarlo a pleno en su capacidad. Por el contrario, si no lo haces, tu capacidad de realizar actividades podría verse limitada. Hay discapacidades inevitables, por ejemplo las congénitas, porque el cuerpo ya se formó y nació así, o las producidas por algunas enfermedades. Pero hay otras que dependen del respeto hacia tu cuerpo, la prudencia y la prevención de enfermedades.

Ser prudente significa no arriesgarse en vano, no exigirle al cuerpo aquello que difícilmente pueda realizar.

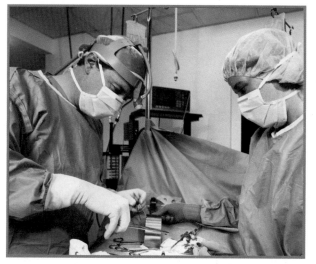

¡CUIDADO EN LA CALLE!

Gran parte de las discapacidades físicas y mentales no son congénitas ni de nacimiento, sino producto de accidentes. La principal causa de discapacidad adquirida, no congénita, son los accidentes de tránsito.

La falta de prudencia y de respeto de las normas de tránsito, por parte de automovilistas y peatones, llevan una cómoda delantera. Bastante más atrás vienen las guerras, las enfermedades, los accidentes de trabajo, los deportes rudos y otras actividades.

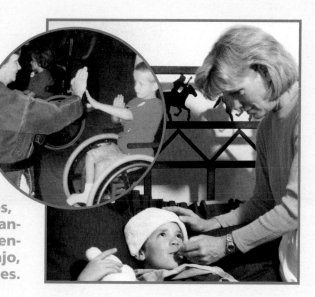

Anorexia y bulimia

Cada vez son más comunes, entre adolescentes y jóvenes, las enfermedades producidas por los malos hábitos alimentarios. Entre éstas, hay dos particularmente peligrosas: la **anorexia y la bulimia**.

Hoy no voy a comer. Ayer engordé cincuenta gramos.

Ambas son terriblemente perjudiciales para el cuerpo; incluso pueden llevarnos a la muerte, si no se tratan a tiempo.

Sus **síntomas** más visibles son: la pérdida sostenida de peso, vómitos y descomposturas, la obsesión de sentirse siempre gordo, la negación a comer en familia, la palidez y ojeras azuladas, y el cansancio excesivo ante la mínima actividad. El **anoréxico** va perdiendo el hábito de comer hasta el grado de sentir rechazo y repugnancia por todo lo relacionado con la alimentación.

El **bulímico** tiene un apetito insaciable y suele darse grandes atracones a escondidas, pero su sentimiento de culpa le impide disfrutar y esto lo lleva a vomitar lo ingerido.

Generalmente, los enfermos

pasan de una a otra enfermedad. En un principio, las más afectadas eran las niñas, bajo la presión de querer tener un cuerpo similar al de las modelos publicitarias.

Varones y mujeres, sufren estas enfermedades por igual. En ambos casos, la obsesión por mantenerse en peso, y hace que reduzcan el número y cantidad de comidas en forma extrema hasta enfermarse.

Algunos factores predisponentes y desencadenantes

excesiva autoexigencia

baja autoestima

marcada influencia social

trastornos de la personalidad

alteraciones del esquema de vida

alteraciones de la dinámica familiar

falta de seguridad en sí mismo/a

limitaciones afectivas, entre otras

CONOCER PARA AYUDAR

Si tienes dudas o te parece que alguna amiga o amigo responde a estas características, intenta hablar con su familia para que consulten de inmediato a un médico. El enfermo suele negar su dolencia y ocultarla.

El tiempo libre

Uno de los espacios más significativos para ejercer
la libertad individual es el tiempo libre; capitalizarlo, empleándolo
para la realización personal, es una elección individual.
Veamos...

Un tiempo irrenunciable

El ritmo de vida actual suele dejarnos poco tiempo libre para nosostros. Todos tenemos obligaciones que cumplir, tareas que realizar y responsabilidades con el trabajo, el estudio y la familia. Sin embargo, todas las personas, en cualquier etapa de nuestra vida, necesitamos un espacio que "nos permita encontrarnos con nosotros mismos", con un buen libro, con nuestra música preferida, con amigos..., libres de las preocupaciones de los quehaceres, del rendimiento y la eficacia, presiones que de una manera u otra, nos tensionan a jóvenes y adultos.

No renunciemos a gozar del tiempo libre y organicemos actividades que nos brinden alegría, diversión, entretenimiento... ¡para disfrutarlo a pleno! Y así renovar fuerzas y entusiasmo para retomar los quehaceres cotidianos.

De tu elección depende

El aprovechamiento del tiempo libre depende de la elección de cada uno. En efecto, saber elegir en qué lo vamos a emplear es fundamental. Será un **espacio de positivo crecimiento humano y espiritual,** si lo destinamos a canalizar inquietudes y realizaciones personales. En cambio, si pasivamente nos dejamos llevar por la sociedad de consumo y permitimos que transcurra como algo inexorable, será pues un **tiempo perdido** que puede conducirnos al aburrimiento, la angustia, la insatisfacción.

"No siempre tenemos la oportunidad de hacer lo que más nos entusiasma, pero siempre tenemos la posibilidad de poner entusiasmo en lo que hacemos. Es más difícil, pero no imposible, ya que toda tarea resulta enriquecedora para quien se entusiasma por hacerla de la mejor manera."

¡Cuántas opciones!

Existen innumerables posibilidades para **disfrutar** del tiempo libre.

Muchas personas aprovechan su tiempo libre **brindando colaboración y ayuda a los demás.**

Para ellas resulta ideal optar por los grupos de cooperación o voluntariados, donde se sienten útiles, se vinculan con otros y se entretienen.

Otros se dedican a desarrollar un hobby (dibujo y pintura, restauración de muebles, ejecución de algún instrumento musical..., etc.). Algunos eligen compartir ese tiempo en compañía y no faltan quienes prefieren encontrarse con un buen libro, por ejemplo.

Los juegos al aire libre o de salón también tienen la ventaja de brindarnos la posibilidad de poner distancia con el presente y las obligaciones cotidianas.

Un espacio de realización

Para que el tiempo libre resulte un positivo espacio de realización personal existen tres requisitos básicos que cumplir:

* Disponer realmente de ese tiempo para usarlo con total libertad, separándolo y defendiéndolo de las obligaciones, el estudio y el trabajo.

* Tomar conciencia sobre la importancia de ese tiempo libre y capitalizarlo, eligiendo convenientemente las actividades según los propios valores, aptitudes y deseos.

* Organizarse y prepararse para aprovecharlo y disfrutarlo plenamente. El tiempo no es un valor infinito, sino limitado. La organización del tiempo libre es tan importante como la de otro tipo de disponibilidades.

El diálogo

Tal vez una de las mejores elecciones para emplear nuestro tiempo libre sea el diálogo. Así lo hicieron los antiguos filósofos griegos y lo vienen repitiendo a lo largo del tiempo jóvenes y adultos. Es que **el diálogo es encuentro y comunión.**

> *"Si amas la vida, no pierdas el tiempo."*
> *Benjamín Franklin*

¡ES IMPORTANTE CUIDARNOS!

Observa estos dibujos y lee con atención
¿Qué comentarios te sugieren? Relaciónalos con las actitudes que debemos tener con nuestro cuerpo.

Marina se queda viendo televisión hasta muy tarde. A la mañana, le cuesta despertarse y siempre sale corriendo, sin haber desayunado.

Sonia está algo resfriada. Se siente con pocas fuerzas. Pero ha decidido ir a bailar con sus amigas...

Juan, Gustavo y Ariel quieren meterse en un río que no conocen. Ariel decide que se tirará desde un peñasco. Los amigos le dicen que espere hasta saber la profundidad que tiene el río y si hay piedras en el lecho...

A Joaquín y Ana les correspondió preparar el almuerzo para sus compañeros de campamento. Mientras hablan, no se dan cuenta de que unos pequeños seres ya están disfrutando de los manjares...

¡A BRILLAR CON LUZ PROPIA!

Un hombre del pueblo de Neguá, en la costa de Colombia, pudo subir al alto cielo.

A la vuelta, contó. Dijo que había contemplado, desde allá arriba, la vida humana. Y dijo que somos un mar de fueguitos.

—El mundo es eso —reveló—. Un montón de gente, un mar de fueguitos.

Cada persona brilla con luz propia entre todas las demás. No hay dos fuegos iguales. Hay fuegos grandes y fuegos chicos y fuegos de todos los colores. Hay gente de fuego sereno, que ni se entera del viento, y gente de fuego loco, que llena el aire de chispas. Algunos fuegos, fuegos bobos, no alumbran ni queman; pero otros arden la vida con tantas ganas que no se puede mirarlos sin parpadear, y quien se acerca, se enciende.

El libro de los abrazos , de Eduardo Galeano.

EL ARTE DE VIVIR

*El ser humano ha nacido para vivir en compañía de sus semejantes y alcanzar el pleno desarrollo de sus facultades. Sin embargo, muchas veces agrede su cuerpo y atenta contra su salud o la descuida. Por ejemplo, desatendiendo su higiene personal o su alimentación. Es que "**vivir es un arte**" que requiere fundamentalmente de la conducta responsable de cada uno para con uno mismo. Nuestro cuerpo es el vehículo que utilizamos para convertimos en "artistas" y "artesanos" de la vida. ¿Por qué artistas? Porque podemos y debemos desplegar toda nuestra creatividad y sabiduría para llenar cada instante de significado y poder expresarlo? ¿Por qué artesanos? Porque vivir requiere de paciencia y perseverancia, tesón para construir día a día aquello que deseamos. Por todo esto, nuestro cuerpo merece ser tratado con el cuidado que su importante función (y misión) requiere.*

Respeto por mi mente

Lo que distingue a las personas del resto de los seres vivos, es su capacidad para razonar, incorporar y transmitir conocimientos. La parte de tu cuerpo que se ocupa de esta misión es el cerebro. A esa capacidad intelectual la llamamos mente. Al igual que tu identidad o tu cuerpo, tu mente requiere un cuidado especial, aunque tal vez más profundo, pues de su buen funcionamiento dependerán tus actitudes y comportamientos en general.

El pensamiento liberal

El comportamiento del resto de los animales se reduce a actos instintivos: sus opciones son muy limitadas.
En cambio, tú posees mayor libertad sobre tu forma de actuar, ya que puedes elegir la que más te conviene, decidir qué hacer o qué no hacer ante determinada situación. Esto se debe a que tu mente

> Si estudiamos todo el año, podremos disfrutar de nuestras vacaciones completas.

ELEGIR NO ES FÁCIL

Liliana va a la casa de un compañero para completar una tarea de la escuela. Él alquiló el video de un filme que Liliana estaba deseosa de ver. Su mente comienza a actuar: puede imaginar la complicación en que se meterá si obedece a sus impulsos o, en caso contrario, lo difícil que será volver a tener la oportunidad de ver esa cinta, ya que en su casa no hay casetera. Finalmente, Liliana se decidirá por lo que más la beneficie o menos la perjudique, no solamente en ese momento, sino fundamentalmente después, cuando su vida continúe...

puede anticipar las consecuencias positivas y negativas de tus actos, evaluarlas e indicarte qué es lo más conveniente para tu futuro. Los animales no pueden imaginar el futuro ni medir consecuencias; sólo actúan por instinto, impulsados por el deseo inmediato. La naturaleza los ha "programado" para eso y carecen de la posibilidad de opción.

Elegir libremente

¿Existe, entonces, la libertad de elegir? Sí, y un ejemplo es que no todas las personas deciden lo mismo ante idénticas circunstancias.

Es más, puede ocurrir que actúen de manera contraria, aunque lo hagan razonando y de acuerdo con su conveniencia. ¿Por qué pasa esto? Evidentemente porque, al poder elegir, también podemos equivocarnos; pero también porque lo que es bueno para unos puede no serlo para otros. Sin embargo, **si elegimos responsablemente, guiados por valores acertados, realizaremos la mejor elección.**

¿Has reflexionado sobre tu libertad de elegir? ¿Tú qué hubieses elegido en el ejemplo que expusimos en la página anterior?

La toma de decisiones

Diariamente debemos tomar decisiones. Éstas dependen de diversos factores. Como una buena toma de decisiones nos puede conducir al logro de las metas que nos trazamos, es conveniente que sepamos analizar todos los elementos que componen las situaciones que debemos enfrentar. Para lograr un análisis correcto, debemos utilizar nuestra **inteligencia** y reflexionar sobre lo que vamos a hacer y por qué. A veces, conviene combinar esta actividad consciente con la **intuición**, eso que se nos aparece de repente, como si no interviniera la razón, pero que es también una forma de inteligencia.

CONSTRUYENDO VALORES

A ntes de tomar una decisión, reflexiona lo siguiente:
   * ¿Cuáles serán las consecuencias de tu decisión?
   * ¿Te hace realmente bien esto que tu vas a hacer?
   * ¿Le hace bien a los demás?
   * ¿Es lo más razonable?
   * ¿Es lo más justo?
   * ¿Es realmente digno de mi condición humana?

Si antes de actuar las personas reflexionaran un poco sobre las consecuencias de sus acciones, la convivencia sería mucho más armoniosa. ¡Prueba y comprueba!

La actitud hacia el estudio

La niñez y la adolescencia son períodos propicios para aprender. Pero no es lo mismo aprender que estudiar, si bien estas dos actividades están muy relacionadas. ¿Qué piensas del estudio? ¿Te lo propones como un hábito y un medio para lograr metas?

La decisión de estudiar

Tomar una decisión no es fácil. Siempre que decidimos, ganamos y perdemos cosas. Ahora bien, **estudiar es una decisión positiva** desde todo punto de vista. Tal vez, a primera vista, no te parezca divertido, y aunque hayas leído por ahí que es un derecho, a ti te suena más a obligación, a algo que te imponen y no nace desde adentro de ti. Veamos...

Aprendiendo en compañía

Mientras que los animales aprenden casi todo de su propia experiencia, los humanos lo hacemos siempre **en compañía de otras personas.** Muchas veces conocemos cosas que jamás experimentamos o reconocemos objetos sin haberlos visto nunca. Esto es sólo posible por el lenguaje, porque alguien nos lo contó.

Las personas somos **seres culturales**, porque podemos conocer a través de lo que conocen otros seres humanos y, a su vez, transmitir dichos conocimientos. Todo lo que tú estás leyendo en este libro son **conocimientos** que la humanidad tardó miles de años en acumular. Toda la tecnología, los saberes y la información de que dispones actualmente no son el producto de unos cuantos científicos, sino la **experiencia acumulada** por los hombres y mujeres desde que los humanos son humanos. Nadie podría haber inventado una computadora si antes no se hubiesen inventado las máquinas de calcular, la televisión, los libros, las palabras...

Espacios para aprender

Los conocimientos que tenemos en la actualidad son mucho más amplios y extensos que en la antigüedad, y seguramente más escasos que en el futuro. Es casi imposible que alguien pueda saberlo todo, pero hay ciertas cosas básicas que todos

En el mundo actual, la alfabetización y el estudio constituyen una condición fundamental tanto para la realización de las aspiraciones personales como para el desarrollo de un país.

debemos conocer para comportarnos como personas. Las **escuelas** y los **colegios** son una gran ayuda para esto, porque favorecen el desarrollo mental que nos lleva a compartir con otros el aprendizaje, a acercar a los niños, los jóvenes y los adultos al conocimiento, y nos brindan una oportunidad para enriquecer nuestra cultura y superarnos como seres humanos, pensantes y racionales.

¿Sabemos estudiar?

Desde que nacemos, comenzamos a aprender muchas cosas. Pero en la escuela tenemos una actividad que depende más de nuestra voluntad y disposición: el estudio. Para estudiar, necesitamos desarrollar y fortalecer un conjunto de habilidades y capacidades que nos permitan enfrentar de manera racional cada situación que se nos plantea. De este modo, sentiremos seguridad en nosotros mismos y lograremos una mayor madurez. Podremos así desarrollar proyectos personales y participar de manera más activa en lo que proyectemos en conjunto con otras personas. ¿Cuáles son esas habilidades y capacidades?

✳ Capacidad de concentración

No todas las personas tienen el mismo poder de **concentración**; sin embargo, es posible modificar esta situación a partir de técnicas que permiten incrementar gradualmente la capacidad de atención voluntaria.

La concentración depende de varios factores. Por ejemplo, del interés que despierte en nosotros el tema que debemos aprender; de ciertas habilidades, como poder bloquear algunos estímulos auditivos, visuales y de movimiento para concentrarnos en el tema a estudiar; de la organización de las actividades, para evitar que se superpongan y permitirnos concentrar el esfuerzo en una de ellas.

Con la práctica, hay quienes pueden atender varias tareas sin descuidar ninguna.

✳ La memoria

Es la **capacidad de almacenamiento de datos y la habilidad para asociarlos y facilitar su recuperación.**

Para memorizar, debemos ordenar el material que nos interesa, pues siempre resulta más sencillo retener datos cuando están clasificados que si se encuentran desordenados.

PARA ESTUDIAR MEJOR

Aristóteles, un filósofo griego de la Antigüedad, propuso algunas leyes de asociación.

* **Por sinónimos:** dama - mujer; bebé - recién nacido.
* **Por sonoridad:** miel, piel, hiel, bien, cien, quien, etcétera.
* **Por el todo y su parte:** caballo - riendas; libro - hoja.
* **Por especie y tipo:** seres vivos - plantas; coníferas - araucarias.
* **Por causa-efecto:** golpe - traumatismo; granizo - destrucción del cultivo.
* **Por contrastes:** alto - bajo; caluroso - frío; seco - húmedo.
* **Por relación léxica:** se refiere a cosas que generalmente van juntas, como estudiante - libro; cuaderno - bolígrafo.
* **Por objeto y cualidad:** sol - calor; abuelo - anciano; cristal - transparente.

*También están las **reglas nemotécnicas**, como la rima, el acrónimo y el acróstico.*

* **Rima:** son sencillas de aprender por su sonido o ritmo.
* **Acrónimo:** consiste en tomar la primera letra de un conjunto de cosas y formar una palabra que se pueda recordar con facilidad, como PEN (Poder Ejecutivo Nacional), CHON (carbono, hidrógeno, oxígeno, nitrógeno).
* **Acrósticos:** se utilizan cuando resulta complicado formar un acrónimo o si se deben memorizar letras, como en la placa de un automóvil. Ejemplo: una placa DNC podemos recordarla como *Diego* no conduce

* Análisis

Sirve para comparar la información que recibimos con la que poseemos, distinguir opciones para clasificarla, identificar las partes que forman un todo, poder detenernos en cada una de ellas, observando cada detalle para entender y recomponer la totalidad.

* Síntesis

Casi tan importante como el análisis de la información es saber sintetizarla para incorporar los datos más importantes en la memoria.

Para poder expresar en pocas líneas un concepto o una información, iremos seleccionando, a partir de un buen análisis, aquellos datos que resulten significativos, es decir, de mayor utilidad.

SÍNTESIS

Existen distintos métodos para lograr sintetizar una información, como:

* el **subrayado** o resaltado de ideas principales.

* la construcción de **cuadros sinópticos**.

* la elaboración de **mapas conceptuales**.

CONSTRUYENDO VALORES

Lo que diferencia a un alumno exitoso de uno que fracasa no es la ausencia de errores, dudas y conflictos, sino la habilidad para resolverlos. Si te concentras en tu actividad escolar, si desarrollas herramientas para estudiar mejor, y ordenas tu tiempo y tus materiales, seguramente estarás en mejor condición para tener un buen rendimiento.

Lápices en acción

Lee estos consejos y anota cuáles pones en práctica siempre (S) y cuáles no sigues nunca (N). Una autoevaluación te ayudará a desarrollar hábitos que mejoren tu estudio.

- ☐ **Participo en las clases activamente.**
- ☐ **Me esfuerzo por cumplir las metas propuestas.**
- ☐ **Busco más información.**
- ☐ **Dedico un tiempo a leer.**
- ☐ **Uso el diccionario.**
- ☐ **Busco las ideas principales en los textos de estudio.**
- ☐ **Hago resúmenes.**
- ☐ **Utilizo esquemas para recordar mejor lo estudiado.**
- ☐ **Me hago preguntas sobre lo que leo.**
- ☐ **Preparo con tiempo el material que voy a utilizar en la escuela.**
- ☐ **No estudio sólo para rendir un examen.**

La autoestima

Consiste en una valoración personal que nos permite aceptar nuestros errores y disfrutar de nuestros éxitos, pero fundamentalmente, estar bien con nosotros mismos.

> Ahí pasa Florencia. ¿Por qué no te acercas a hablarle?

> No creo que me preste atención... Me parece que no le gusto...

planza con que afrontamos los problemas que se nos presentan a lo largo de nuestras vidas, y en las distintas decisiones que debemos asumir.

Es fundamental para poder actuar con **madurez** y **responsabilidad**.

Una imagen en transformación

"No me gusta como me veo." "Todo me sale mal." "Nadie me quiere". Si te dices estas cosas a menudo, seguramente será porque no estás teniendo una imagen real de ti mismo.

No te estás valorando como realmente eres.

Estos estados de ánimo son frecuentes en el paso de la niñez a la adolescencia. Ya vimos que ésta es una etapa en la que ocurren muchos cambios físicos y psíquicos, y que todo crecimiento supone una crisis. Por lo tanto, la imagen que tenemos de nosotros mismos también está en transformación. Y, como consecuencia, la **inseguridad** puede llevarnos a hacer una

valoración negativa sobre lo que somos. En esos momentos, es importante conocerse: tener en cuenta las limitaciones, pero también, apreciar las habilidades y los aspectos positivos de nuestra personalidad. Es decir: **autoestimarnos**.

Saber valorarse

La **autoestima** es **la aceptación y el aprecio por uno mismo**. Requiere la **valoración de las propias cualidades y aptitudes**, así como la **capacidad de tenerse confianza y respeto**. Se construye desde que nacemos, y las actitudes de nuestros padres son muy importantes para tenernos confianza y ser capaces de valorarnos. Se expresa en la **valentía** y la **tem-**

> No creo que gane... pero estoy mejorando mi tiempo anterior.

La identificación con otros

Es común, en cierta etapa de nuestras vidas, jugar a ser otro; hasta nos disfrazamos y nos miramos al espejo, fantaseando que somos famosos, como algún deportista, o cierto cantante, o simplemente buscando parecernos a alguien a quien admiramos. Cuando esta conducta se hace repetitiva e internalizamos gestos, posturas, frases, actitudes y hasta formas de pensar que nos son ajenas, corremos el riesgo de maltratar a nuestra identidad, despreciar nuestro cuerpo y alienar nuestra mente, y dedicarnos sólo a ser la sombra de otra persona. Quienes actúan así lo hacen impulsados por una gran inseguridad.

Esta **despersonalización** suele ocurrir con bastante frecuencia en la adolescencia. Es en esta etapa de nuestras vidas cuando comenzamos a tomar decisiones con más independencia. A veces nos sentimos inseguros y buscamos identificaciones con personajes exitosos, pensando que de esa forma seremos más valorados. Sin embargo, generalmente sucede lo contrario, ya que las conductas imitativas demuestran una débil personalidad que nos desvaloriza ante los demás.

Imitando al camaleón

Cada vez que este reptil se encuentra en peligro, se "disfraza", adoptando las características del lugar que lo rodea para pasar inadvertido. Es decir, cada vez que se siente en peligro, el camaleón se disfraza cambiando de color. Esta capacidad de mimetizarse con su entorno constituye su mecanismo de protección, con el que instintivamente se defiende de los demás animales. Pero también se "disfraza" cuando acecha a alguna presa.

Cuando las personas renuncian a mostrarse como realmente son y disfrazan sus sentimientos, gustos, emociones, ideas, opiniones y deseos, están adoptando un **comportamiento camaleónico**.

Algunas lo hacen para no ser marginadas y otras lo practican para ganar la confianza de sus "víctimas".

Integridad y dignidad personales

La persona que cambia su forma de ser, sus gustos, sus ideas, su aspecto y hasta sus amistades, según las circunstancias, suele tener una **personalidad indefinida** que provoca desconfianza, porque nadie sabe muy bien cuál es su verdadero modo de ser y da la sensación de que está fingiendo todo el tiempo. Hay ocasiones en que esto no es producto de

Construyendo Valores

La autoestima es una actitud indispensable para poder crecer como personas. Se manifiesta también en conductas como:
- cuidar nuestro cuerpo;
- reconocer nuestros triunfos y aciertos;
- aceptar nuestros errores;
- enfrentar nuestros problemas
- conocer nuestras cualidades y defectos;
- luchar por nuestros ideales y metas;
- reconocer las capacidades de nuestros amigos y compañeros;
- impedir que nos traten mal o abusen de nosotros.

malas intenciones sino de inseguridad. Al sentir temor a ser rechazado por el grupo, el inseguro decide sacrificar su propia manera de ser e imitar las personalidades de los otros con tal de no tener conflictos. La integridad está muy relacionada con una buena valoración personal. **Respetarte a ti mismo es, en principio, aceptarte tal como eres. Sin este requisito, será difícil que los demás te acepten y valoren.**

ESTAR DE MODA

Los y las jóvenes siempre producen cambios culturales en la sociedad, porque buscan una **identidad propia**, que les permita distinguirse de los demás, especialmente de los adultos. Son productores de una cultura que se refleja en los comportamientos, el lenguaje y las modas estéticas, entre otros componentes.

Pero es verdad que también las grandes empresas culturales fabrican "moda" para que sea consumida por los jóvenes. Crean vestimentas diferentes para que los jóvenes se identifiquen con ellas y compren. También inventan fenómenos musicales, como grupos que son producto de un casting, y que promocionan mediante impactantes campañas de publicidad. Lo mismo ocurre con bebidas y calzado deportivo.

Como consecuencia, el deseo de querer diferenciarse lleva a muchos adolescentes a ser **consumidores** más que productores.

¡Cómo quisiera...!

Seguramente, más de una vez piensas qué cosas te gustaría hacer cuando llegues a la adultez. Gracias a tus fantasías, te proyectas hacia el **futuro**. Esa actividad es común a todas las personas. **Los sueños y los deseos son el motor de nuestra vida.** Ellos nos ponen en funcionamiento. Algunas personas llegan a cumplir con aquello que habían deseado para su vida. Por ejemplo, ser médico o veterinario, ajedrecista, cantante, futbolista...

Pero lo más común es que cambies a menudo de aspiraciones. Un día piensas que te gustaría ser una cosa, y luego otra... Lo que ocurre es que todavía no conoces tus potencialidades a fondo. No te preocupes: **en el transcurso de tus estudios y tus vivencias irás definiendo mejor tu proyecto de vida.**

Establecer metas: una actitud positiva

Aunque no estés seguro o segura de lo que quieres hacer en el futuro, esta actividad de proyectar te motivará para ir estableciendo metas, es decir, pondrás energía para lograr lo que quieres. A veces, las metas son realizables a largo plazo, pero gracias a ellas, puedes ir

estableciendo **objetivos de corto plazo** que vayan en ese sentido. Si en el camino encuentras que es imposible cumplirlas o desistes, porque te das cuenta que prefieres hacer algo distinto, igualmente será productivo todo lo que hayas realizado. Nada se pierde, todo se transforma... **Todo logro te ayudará a sentirte una persona más íntegra y eso mejorará tu autoestima.**

Por supuesto, la meta establecida no debe ser ambigua sino clara. Por ejemplo, si te propones una actividad definida debes dedicarle tiempo y tener paciencia para poder cumplirla. Por lo tanto, además de la claridad, para poder realizar un proyecto, hace falta una actitud de **perseverancia**. Es decir, seguir adelante poniendo esfuerzo y dedicación.

Para esto, deberás organizar tu agenda para cumplir con lo que te propusiste.

Quiero estudiar inglés. Ahora debo ver en qué horarios lo haré.

Construyendo Valores

A demás de *soñar*, trata siempre de proponerte objetivos que te acerquen a la meta elegida.

✳ **Evalúa periódicamente si has alcanzado los objetivos que te propusiste.**

✳ **Analiza los errores cometidos o las causas que no te permitieron alcanzarlos.**

✳ **Modifica tus estrategias y toma nuevas decisiones.**
Recuerda que todos tenemos dificultades y que no todo depende de nosotros.
Pero mantén siempre una actitud positiva ante las adversidades.

¿Qué eliges?

Cualquier persona puede caer en la tentación de imitar al camaleón, salvo quien no renuncia a respetarse y prefiere ser una persona íntegra. En este caso, se comporta de acuerdo con lo que piensa, siente y cree, cuidando de su integridad personal, su rectitud, su honestidad, su dignidad... ¡sus valores!

Ahora, tú eliges las afirmaciones con las que estás o no de acuerdo, fundamentando tu elección.

Decir a todo que sí.	Sí	No
No tomar iniciativas por temor a equivocarse.	Sí	No
No renunciar a ser uno mismo.	Sí	No
Ceder permanentemente a las "razones" de los demás, aunque éstas no sean razonables.	Sí	No
Defender las propias convicciones, respetando las de los demás.	Sí	No
Querer complacer a todos.	Sí	No
No reconocer los propios errores.	Sí	No
Adoptar como propias las ideas, las opiniones, las decisiones, los deseos y los gustos de los demás.	Sí	No

No a las adicciones

Cuando las personas centran su vida en algo, como la comida, el cigarrillo, la televisión... y hasta el trabajo, y sienten que no pueden funcionar sin eso, pierden su libertad. Se convierten en adictos, restando sus posibilidades de disfrutar con el cuerpo y con la mente.

El peligro de las adicciones

Si te pasaras la mayor parte del tiempo jugando y el resto sólo pensando en jugar, podríamos decir que te has transformado en un adicto al juego. Es decir que has perdido la libertad de elegir porque tu única opción es jugar. Seguramente no la pasarás nada mal en un principio, pero poco a poco se irá deteriorando tu condición de persona, porque tu mente ya **no será libre para optar** por otra cosa. No podríamos echarle la culpa al juego por semejante problema; pero tu actitud hacia él te ha transformado en algo así como su **esclavo**, alguien sin libertad cuyos comportamientos responden, sin más, a los impulsos.

Se puede ser adicto a las más variadas cosas. Algunas pueden resultar menos dañinas, pero igualmente peligrosas para el desarrollo personal, como la **adicción** a mirar **TV**, a jugar con tu computadora, a las golosinas, etc. Otras pueden producirte daños gravísimos, como el **alcoholismo**, el **tabaquismo** o la adicción a otro tipo de **drogas** lícitas o ilícitas. **Pero todas las adicciones, desde las que aparentan ser inofensivas hasta las más dañinas, afectan principalmente tu mente, tu libertad y tu desarrollo como persona.**

Los videojuegos pueden transformarse en adicción; cuando sucede esto, el ser humano se convierte en una especie de máquina que sólo siente placer al relacionarse con máquinas. No permitas que el juego juegue contigo. Estar mucho tiempo frente a la pantalla y en medio de sonidos que superan el nivel soportable produce trastornos visuales y auditivos.

Las bebidas alcohólicas perjudican seriamente el sistema nervioso, el aparato digestivo y la vida de relación con los demás. El alcohólico pierde poco a poco su sensibilidad y el control de sí mismo sin darse cuenta de ello.
El abuso del alcohol produce desequilibrio psicofísico y destruye la vida afectiva y social.

VIVIR CON DROGAS NO ES VIVIR

Aspirar pegamento, consumir estupefacientes o drogas son quizás las más peligrosas de las adicciones porque en poco tiempo destruyen a la persona. Un drogadependiente no sólo se destruye a sí mismo, sino también a todo lo que más quiere, a todo cuanto lo rodea.

El tabaquismo convierte al fumador en prisionero. Está comprobado el grave perjuicio que causa a la salud.
El cigarrillo contiene unas 180 sustancias tóxicas y 30 sustancias cancerígenas que provocan enfermedades gravísimas, como el cáncer y las enfermedades cardiovasculares.

¿QUÉ ES UNA DROGA?

Es toda sustancia que, introducida en el organismo, produce **alteraciones físicas, psíquicas, intelectuales o de conducta.**
Todos los medicamentos poseen drogas, que se utilizan para curar las enfermedades, bajo control médico. Otras sustancias **son aceptadas socialmente,** como el tabaco y el alcohol, aunque su consumo puede **producir enfermedades** o causar la muerte.
Las drogas ilícitas son las que tienen **prohibida su venta,** como la marihuana o mariguana, cocaína, etcétera. Algunas de estas drogas pueden producir dependencia física o psíquica, y llevar a una persona a la adicción y, como consecuencia, al deterioro físico y/o mental.

¿CUÁL ES LA CAUSA DE UNA ADICCIÓN?

No existe una sola causa para que una persona se vuelva **adicta**, sino que se combinan diferentes factores internos y externos a la persona.

Factores externos

Familiares

Son los problemas de incomunicación y desvalorización que se dan dentro de la familia. Por ejemplo, la falta de diálogo entre sus miembros, la ausencia de interés de los padres por sus hijos, el abandono afectivo de éstos o la actitud contraria: la sobreprotección.

Sociales

Algunos tienen que ver con las malas condiciones socio-económicas, que se traducen en falta de oportunidades para el estudio y el trabajo, el hacinamiento y la promiscuidad; también, un entorno social que carece de metas éticas, y sostenedor de una doble moral ("haz lo que yo digo pero no lo que yo hago").

Una publicidad que incita al consumismo.

Factores internos

Algunos son hereditarios: las personas están predispuestas genéticamente. Otros se refieren a la estructuración de la personalidad: una tendencia a la depresión, falta de autoestima, poca tolerancia a los fracasos, búsqueda de aceptación entre los pares.

CONSTRUYENDO VALORES

R ecuerda que **las adicciones son pesadas cadenas.** Si bien la vida presenta dificultades, a veces muy grandes, es mejor enfrentarla sin ataduras que oprimen. Si tienes dudas, infórmate. Nunca actúes presionado/a por tu grupo de amigos. Y siempre que tengas un problema, trata de confiar en una persona adulta que merezca tu confianza.

¿POR QUÉ BEBEN LOS JÓVENES?

Una encuesta realizada a jóvenes de entre 13 y 17 años de edad muestra cuáles son las principales motivaciones que los empuja a beber.

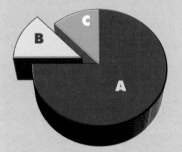

A) Por presiones sociales (75%)
- "Porque también beben mis amigos."
- "Para que mis amigos no me consideran un aguafiestas."
- "Porque la mayor parte de los adultos también bebe..."

B) Por autogratificación (13%)
- "Porque me gusta."
- "Porque me aburro."

C) Por relación psicodinámica (12%)
- "Para animarme y tener más confianza en mí."
- "Para tranquilizarme y entender mejor a los demás". No faltan quienes erróneamente consideran que la ingesta de bebidas alcohólicas aumenta la capacidad creativa, la osadía y el rendimiento deportivo y sexual (cuando en realidad, los efectos del alcohol constituyen un freno para las capacidades individuales)."

Los riesgos

A diferencia de las drogas ilegales que irrumpen violentamente, el alcohol va incorporándose en la vida de un joven en forma sutil, casi imperceptiblemente. Y poco a poco, día a día, va adueñándose de esa vida, y le provoca con el tiempo alteraciones físicas, psíquicas y sociales, cada vez más severas, que afectan su normal desarrollo, sus capacidades y la relación con su entorno. Pero los cambios se dan paulatinamente y suelen pasar inadvertidos durante algunos años.

Precisamente, como el alcoholismo es una enfermedad que generalmente está precedida por 8 a 10 años de uso y abuso de bebidas alcohólicas, pocos adolescentes pueden ser considerados alcohólicos. Sin embargo, **el consumo abusivo de alcohol es una enfermedad ya en la adolescencia.**

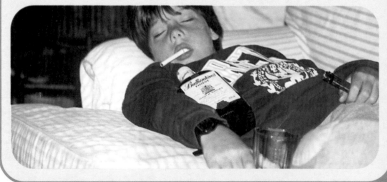

LOS PELIGROS DE ALCOHOL

El alcohol tiene todos los atributos para ser considerado una droga, ya que puede provocar:

* necesidad psicológica.
* necesidad física.
* cuadro de abstinencia al suspenderlo.

No perder la capacidad de autocontrol

Es muy importante tomar conciencia del riesgo y asumir una actitud de **respeto hacia el alcohol**. No se trata de no tomar una copa, sino de que cada uno se imponga un límite y adopte una **conducta ética, cívica y responsable frente al consumo**. Se trata, pues, de no perder capacidad y dominio sobre uno mismo, tanto en relación con el consumo de estas bebidas como al de cualquier otra sustancia. Esa **capacidad de autocontrol** se ejerce a través del **legítimo derecho** a decir **no, gracias**.

Decir "no" puede ser difícil, pero no imposible

Tomar una decisión propia puede hacerse difícil debido a las presiones del entorno. En especial, cuando se arrastran conceptos míticos falsos que están muy arraigados en nuestra cultura. Uno de estos falsos mitos es aquel que relaciona el alto consumo de alcohol con la masculinidad y la valentía. Esto ejerce una fuerte presión en los varones, que prácticamente se ven en la obligación de hacer lo que no quieren. Sin embargo, hay una salida: el primer paso es estar **alertas** para **advertir si nos están presionando para hacer algo que no queremos**, por ejemplo, beber.

Al tomar conciencia de esta presión, estamos en condiciones de **defendernos y ofrecer resistencia** para ejercer **el derecho a elegir libremente** qué queremos beber, comer, hacer y también, con quiénes compartir esos momentos.

Expresiones como estas constituyen una fuerte presión para los adolescentes, quienes deben estar muy atentos para no perder el control de sí mismos ni el derecho a elegir y decidir con libertad.

El consumismo

Mucha gente tiene la necesidad de comprar objetos y servicios porque cree, o permite que le hagan creer, que son indispensables para la vida, sólo porque tales objetos le son ofrecidos por la TV, los diarios, las revistas... Pero, en realidad, no comprende que sólo genera un gasto de dinero para poseer bienes superfluos. Esta conducta compulsiva por tratar de adquirir y consumir todo producto que se publicita por los medios de comunicación, y que responde a un modelo económico, se denomina consumismo. Veamos...

Una enfermedad social

La **cultura consumista** es parte de un fenómeno mundial. Podemos ver cómo, a través de los medios de comunicación, se nos impone una infinidad de productos y de "valores" que condicionan al ser humano para que sea **víctima de su propia ambición,** por querer alcanzar una forma de vida sofisticada, colmada de éxitos materiales. Las empresas de productos y servicios apuestan al sector de los jóvenes, ins-talando entre los adolescentes, modelos estéticos y psicológicos que ocasionan en ellos gravísimos problemas. Un claro ejemplo de estas nefastas consecuencias son las enfermedades como la bulimia y la anorexia, que afectan a millones de jóvenes por querer imitar los modelos de belleza que se proponen a través de la publicidad.

Características del consumista

La identidad del hombre de fines del siglo XX y principios del XXI es la de un ser preocupado por las apariencias, que busca el poder económico, adquiere bienes materiales para lograr más estatus social, consume todo producto nuevo que se publicite, hace derroche de dinero y alimentos, y siente una insatisfacción permanente. Es que una vida al servicio del sistema de consumo origina precisamente seres que viven continuamente insatisfechos. La felicidad sólo es momentánea, todo goce de la vida pasa casi exclusivamente por el dinero y el consumo.

El hombre de la cultura consumista

El hombre de la cultura consumista, responde a una sociedad utilitaria, donde la preocupación personal está por encima de los intereses de los demás. Una cultura del vale todo, del **sálvese quién pueda**, sin importar el dolor de nuestros semejantes. El individuo consumista es una persona **alienada**, víctima de un mundo que lo obliga a vivir para mantener un sistema económico y social del cual él es un cliente. Pero, atención, es un cliente

Hay personas a las que les cuesta resistir los impulsos que la publicidad provoca y, aun contrayendo grandes deudas, compran todo tipo de promesas publicitarias, difundidas por TV, radio, periódicos o Internet. Esta compulsión por consumir se denomina consumismo y cuenta cada vez con más adictos.

que no disfruta de lo que compra, pues continuamente se generan nuevos productos para satisfacer necesidades provocadas: esto es lo que podríamos llamar **una nueva forma de dependencia**.

Publicidad y consumismo

El gran desarrollo tecnológico de los medios de comunicación nos ofrece inmejorables posibilidades para acceder a la información, pero al mismo tiempo ha incrementado las necesidades de consumo, en muchos casos de manera totalmente artificial.

El ser humano ha progresado a lo largo de la historia, buscando satisfacer sus necesidades. Pero, a su vez, estas necesidades parecen aumentar ilimitadamente con el tiempo.

En este aspecto, tienen gran responsabilidad los medios masivos de comunicación y las agencias publicitarias, que **hacen aparecer como imprescindibles algunos productos o servicios que en realidad no lo son**.

La necesidad de vender a través de la publicidad intenta hacernos **prisioneros de la necesidad de consumir**, utilizando en muchas ocasiones el engaño y la deshonestidad como herramientas.

Consumidores en Internet ¡Cuidado!

¿Alguna vez alguien de tu familia compró algo por Internet? Igual que en las revistas, la televisión, los diarios, los carteles de los negocios..., por Internet se ofrecen diversos productos. Algunas páginas vienen repletas de publicidad. Pero, si bien puede resultar molesto para los que no quieren comprar nada, o atractivo para los que les gusta conocer lo que se ofrece, hay algo muy peligroso detrás de algunas empresas, porque usan este medio para capturar datos de posibles consumidores y venderlos a las firmas interesadas en tener una lista de posibles clientes. Es decir, se apoderan de los datos que les suministran los propios navegantes de la red o internautas, muchas veces involuntariamente, e invadiendo su privacidad.

Conviene, entonces, tener una actitud más precavida ante ciertos concursos, juegos en línea o formularios de preguntas sobre gustos, pasatiempos, etc., que sólo tienen el objetivo de archivar datos sobre las personas que usan Internet para emplearlos sin la autorización expresa de éstas.

Construyendo Valores

Es muy importante que todos los miembros de la familia se reúnan en forma conjunta (y no individualmente) frente al televisor. De esta manera pueden intercambiar opiniones y reflexiones, que ayuden a los más jóvenes a asumir una actitud crítica frente a los medios masivos de comunicación. El momento de la comida con el televisor apagado se puede convertir en un momento de diálogo, en el que cada miembro de la familia (hasta el más pequeño) trasmita sus experiencias, sus opiniones...

De este modo, se favorece la integración de grandes y chicos en un espacio común donde todos se encuentran comprometidos con las dificultades y los logros de los demás.

LA CAJA DE LUZ

La comunicación entre los seres humanos jamás podrá ser reemplazada por los medios de comunicación ni las cajas de luces. Aunque parezca imposible podemos escaparnos del poder de estos medios. Veamos si no esta historia…

La vida de Yamila se fue metiendo, de a poco, adentro de una caja de luz. Hasta hace minutos estaba allí, sin poder salir, porque el hechizo de la caja era muy fuerte y la convirtió en su prisionera. Su hermanito Joaquín ya ha intentado recuperarla por todos los medios: ha tapado la luz, ha tironeado de la hermana hipnotizada, ha ofrecido golosinas, y hasta prometió prestarle su bicicleta nueva. Pero no hubo caso, ella ni se inmutó. La maldita caja se había apropiado de su alma. Cuando eran pequeños, Yamila y Joaquín jugaban siempre juntos: corrían por las calles de tierra, se juntaban con los otros niños del barrio y construían sus propios juguetes con maderas, ramas, cajas y otros objetos de deshecho que hallaban en sus casas. Las calles se cubrían de sonrisas alborotadas desde que regresaban del colegio hasta que se ponía el sol. Pero cuando asfaltaron la cuadra todo empezó a cambiar aceleradamente. En poco tiempo, ya no quedaban espacios verdes, y las carcajadas infantiles fueron invadidas por bocinazos y frenadas. El papá de Yamila y Joaquín ya no les permitía salir para encontrarse con los otros niños. Decía que la calle se había vuelto peligrosa. Un día, llegó con un paquete enorme que, según le dijo a su esposa, serviría para que los niños se "quedaran adentro" y estuviesen seguros. Yamila, en cuanto vio la caja de luz que su padre había traído, se puso contentísima. Las pupilas de sus ojos fueron haciéndose rectangulares de tanto mirarla, y comenzaron a reconocer como real sólo lo que veían en la pantalla de la caja luminosa. Joaquín siempre fue más rebelde. No podía aceptar así nomás abandonar a sus amigos, sus momentos de felicidad compartida, su libertad para empaparse con los rayos del sol…

Tenía que hacer algo para rescatar a su her-

mana de la palidez en la que se había sumido. Entonces ideó un plan. Se dirigió al estudio televisivo, presentándose como un niño perdido, y cuando las cámaras lo enfocaron, dijo entre lágrimas y sollozos: "Estoy perdido, me siento solo, porque ya no hay niños dispuestos a compartir. Las plazas son lugares desiertos, donde a lo sumo se encuentra un perro vagabundo. Cuando voy al colegio, no encuentro tema de conversación más allá de los que proponen las cajas de luz, y lo peor es que ni mi propia hermana quiere jugar conmigo. Si es cierto que éste es un medio de comunicación, ¿por qué cada vez estamos más incomunicados? Les ruego a todos los niños y a mi hermana que escuchen mi súplica, salgamos a las calles, recuperemos el aire libre y pintemos con los colores de la amistad cada rincón del barrio, de la ciudad y del planeta. Algo feo nos está sucediendo desde que la alegría se disfrazó de programa de televisivo y la seguridad se vistió de miedo". Algo mágico sucedió en ese instante, algo realmente increíble, pues todos los dibujos animados escaparon de las pantallas de televisión, tomaron a los niños de la mano y realización con ellos la ronda más gigantesca que se haya visto jamás. Una ronda que abrazó al mundo entero hasta llenarlo de luz y alegría bajo la cálida sonrisa del sol.

Flavio Gabaldón.

VALORAR A LOS DEMÁS

Sin duda, el principal problema que afrontamos los seres humanos es llevar adelante la mejor vida posible. Dicho de esta manera, suena bastante sencillo; sin embargo, para arribar a tan importante fin, no debes equivocar los caminos. Si esto sucediera, te enfrentarás a situaciones que te alejarán de la pretendida buena vida qué soñaste. Esto se debe a que la vida que deseas es una vida humana, es decir, una existencia para compartir con otros humanos semejantes a ti. Del respeto que tengas por cada uno de ellos, aun por quienes consideres muy diferentes, dependerán el respeto a tu propia persona y el que te tengan los demás.

> *"La mejor vida no es la más larga, sino la más rica en buenas acciones."*
>
> **Marie Curie**
>
> *El respeto es una actitud que se apoya en la inteligencia y se traduce en valores. Respetar es valorar lo que somos y lo que son los demás.*

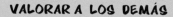

Respeto por los otros

Ningún humano puede hallar la felicidad en completa soledad. Todas las personas necesitamos de los demás para desarrollarnos plenamente. Precisamente, el desarrollo personal depende en gran parte de las relaciones que cada uno establezca con sus semejantes y no tanto de los bienes materiales que pueda acumular. Por ello, los verdaderos valores que debemos cultivar son aquellos que mejoran la convivencia, como el amor, la confianza, la tolerancia, la cooperación, el respeto, la solidaridad, la justicia...

Iguales pero distintos

Si las personas no pudiesen encontrar algo semejante entre sí, no podrían reconocerse como humanos. Esta es la posibilidad de que cada uno pueda reflejarse en el otro sea joven o viejo, hombre o mujer, blanco o negro, pobre o rico, enfermo o sano, inteligente o no. "Soy humano y nada de lo que es humano puede parecerme ajeno", dijo un antiguo poeta latino.

¿QUÉ NOS HACE PERSONAS?

Todas las personas somos iguales a pesar de nuestras diferencias, porque tenemos:

sentimientos;
* pensamientos;
* razonamiento;
* opiniones y juicios de valoración;
* proyectos y metas;
* necesidades sociales, culturales, afectivas, y no sólo de alimentación y abrigo;
* comportamientos racionales;
* ideales y actitudes;

y porque también tenemos **valores morales** que se expresan en nuestras **actitudes** y **comportamientos**, ya sea para el propio beneficio o cuando buscamos el bien de quienes nos rodean.

> " La responsabilidad va más allá de lo que la obligación exige."
> **Anónimo**

Yo, tú, nosotros

Tener conciencia de tu humanidad significa darte cuenta de que, a pesar de todas las diferencias que pueda haber con otros individuos de tu misma especie, habrá también una **semejanza fundamental** que te permitirá **comunicarte** con él como no lo podrías hacer con ningún otro ser vivo. En efecto, por más que no compartas su idioma ni sus costumbres, tú podrás ponerte en su lugar y él en el tuyo para iniciar una comunicación, aunque más no sea

VIVAN LAS DIFERENCIAS

Hay un antiguo proverbio que dice: "No hagas al prójimo lo que no deseas que te hagan a ti"; pero el dramaturgo y humorista Bernard Shaw lo modificó de la siguiente forma: "No hagas a los demás lo que desees que te hagan a ti; ellos pueden tener gustos diferentes". Tanto el proverbio como la humorada son absolutamente ciertos y tienen que ver con los derechos; en el primero se valoriza el **derecho a ser tratado como un semejante** o como un igual, en el segundo se rescata el **derecho a la diferencia**, a no ser idénticos. Hemos empleado varias veces la palabra "derecho" y tal vez valga la pena aclarar que mucho tiene que ver con la "justicia", porque en definitiva "ser justos" no es ni más ni menos que poder ponernos en el lugar del otro y tratar de comprenderlo.¡No es difícil!

por gestos y señas. Estas semejanzas son las que nos hacen iguales, es decir, semejantes, y nos permiten identificarnos como humanos, reconociendo en el otro los mismos derechos que posees. Con una planta o con un animal, sería imposible tener la misma actitud porque, por mucho que quisieses, difícilmente podrías ponerte en su lugar y, con toda seguridad, ellos no podrían ponerse en el tuyo. La comunicación se haría dificultosa y el diálogo, impensable. Los derechos del resto de los seres vivos no surgen de la comunicación que tengamos con ellos, ni mucho menos de su reclamo, sino de **cómo los valoremos.**

CONSTRUYENDO VALORES

En nuestra vida de relación es preciso dejar de lado todas aquellas actitudes negativas que dañarían a los demás y a nosotros mismos. Evitemos pues el afan de:

- tener razón siempre;
- ser siempre primeros/as en todo;
- controlar todo y a todos;
- ser perfectos;
- que todos nos quieran;
- poseer a los demás;
- rehuir conflictos y frustraciones;
- cambiar a los demás según nuestra conveniencia;
- manipular y dominar a los demás.

(Enumerados por Leo Buscaglia en Amándonos los unos a los otros.)

UNA CARGA CADA VEZ MÁS PESADA

Suele ser más fácil ver los errores de los demás que reconocer los propios. Sin embargo, esa actitud nos conduce por un camino equivocado e impide que nos libremos de una carga cada vez más pesada...

Cuentan que un duende muy sabio, cansado de ver a los animales enfrentándose y criticándose unos a otros, un día los convocó a todos y les dijo: —He venido para ayudar a que cada uno pueda liberarse de la pesada carga que lleva; la de sus propias equivocaciones. ¿Alguien quiere corregir su comportamiento?

Rápidamente, la mona se adelantó y pidió la palabra:

—Gracias —dijo—, pero yo nunca me equivoco. Vivo aplaudiendo mi forma ágil de vivir. En cambio, la osa es tan pesada que cuando camina provoca como terremotos...

—¿Cómo se atreve a criticarme? —repuso ofuscada la osa—. ¿Acaso no se dan cuenta de que tengo que andar con paso firme para esquivar los cocos que usted arroja con sus continuas monerías? Mejor que la libren al avestruz de andar corriendo con tal desenfreno...

—¡Eh! Que yo estoy orgullosa de ser el ave más corredora y de que nadie iguale mis veloces carreras. El que tiene un andar insoportable es el elefante, que cada vez que se mueve provoca un huracán...

—¡No le permito! Estoy feliz por hacer que todo vibre a mi paso y que todos se estremezcan con mi andar. En cambio, estoy harto de que la jirafa, con ese cuello tan largo que tiene, ande espiándonos desde las alturas... —repuso muy altivo el elefante.

—¿Quién se atreve a censurarme? ¡Será de envidia, claro! Porque no puede divisar los paisajes lejanos y estar al tanto de lo que sucede abajo... Mejor que se ocupe de la tortuga, que me exaspera con su pasmosa calma.

—¿Qué dice esa ignorante presumida? Sepa, señora, que mi famosa calma es una grandiosa virtud que me hace merecedora de aplausos, no de críticas.

Mejor que la libren a mi pariente, la serpiente, de la repugnante costumbre de andar arrastrándose por la vida.

—¿Arrastrada yo? ¡No le permito! —se indignó la serpiente, pero no pudo seguir, pues la interrumpió el duende:

—Por lo visto, nadie quiere sacar de su mochila la pesada carga de sus propios errores y prefieren **"buscar la paja en el ojo ajeno"**. Pero, sepan, amigos, que para superar esa equivocada actitud tiene que luchar cada uno, buscando enmendarla. Eso es lo que deberían hacer... —dijo el duende, mientras ponía a la vista de todos un cartel con la siguiente leyenda:

"Para remediar una falta sólo necesitas saber tres cosas:

1) Que por grande que sea la equivocación, es posible corregirla con sincero arrepentimiento.

2) Que reparar es una tarea cuidadosa que no puede hacerse a la ligera ni pensando en otra cosa.

3) Que hay que emprender la tarea con amor, entereza y paciencia, pues sin amor por lo que se busca enmendar y sin fortaleza por hacer la tarea lo mejor posible, la enmienda no es duradera; y sin la paciencia necesaria, podrían no llegar a terminarla."

—Sólo esto necesitan saber. Sólo esto deberían cargar en su mochila...

Cuento de Marta Ghiglioni inspirado en la fábula "La mochila", de La Fontaine y "El zurcidor del tiempo", de Alicia Molina

Acuerdos y desacuerdos

Los seres humanos somos sociales y culturales. Para cumplir con ambas cosas, necesitamos comunicarnos los unos con los otros. De esta forma, logramos conocer expresiones diferentes, transmitir nuestros puntos de vista, establecer acuerdos y desacuerdos.

Interpersonales y colectivos

En efecto, toda sociedad necesita un mínimo de **acuerdos** entre sus integrantes para funcionar. Estos acuerdos pueden modificarse con el paso del tiempo y no siempre son aceptados por todas las personas.

Los grandes **acuerdos sociales y culturales** no necesitan escribirse, porque la mayor parte de las personas de esa sociedad los acepta como naturales; pero hay otros acuerdos que deben ser escritos para transformarse en ley, porque suelen ser bastante más opinables y generar desacuerdos.

Cualquier realización en equipo requiere de acuerdos. Todo trabajo grupal promueve el esfuerzo y el entendimiento de las personas.

Un interés superior

Cuando expresamos acuerdo y desacuerdo con determinados comportamientos, generalmente lo hacemos para diferenciar lo bueno de lo malo, lo que nos conviene de lo que no nos conviene, en una palabra, para defender los propios **intereses**. La palabra **interés** viene del latín inter esse y significa lo que está entre varios, lo que pone en relación a varios. Todos los intereses son relativos porque dependen de cada persona, de las circunstancias, de los intereses de los otros, de las costumbres y leyes de la sociedad en que vivimos. Pero hay un interés que es absoluto y que todos compartimos sin importar nada de lo anterior: es el **interés de ser humano**, es decir, el interés de tratar y ser tratado como tal. El no aceptar este interés superior o el no respetarlo en función de cualquier otro interés relativo nos desvaloriza como personas y nos limita la libertad, haciéndonos **esclavos del egoísmo**, que confunde al ser con el tener.

> **Establecer acuerdos significa aceptar como buenos determinados comportamientos y actitudes, y como malos otros que perjudican la convivencia.**

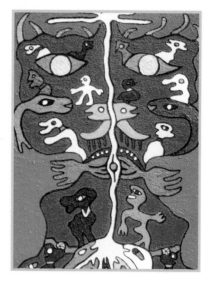

"No estamos de acuerdo", óleo del pintor portugués Baptistantunes, que muestra posiciones enfrentadas. (De El Correo de la Unesco, octubre de 1993.)

Valorar las virtudes, aceptar los defectos

Muchas veces, lo que puede ser bueno para algunos, tal vez sea malo para otros y viceversa. De esta forma, uno acuerda con lo que considera **virtudes** y desacuerda con aquello que considera **defectos**, entendiendo como virtud a las buenas actitudes y comportamientos y como defectos a los que consideramos malos porque no nos ayudan a vivir mejor. Desde luego que estas valoraciones suelen ser bastante relativas salvo en un aspecto: **el humano**. Por supuesto que toda persona aspira a una vida y por lo tanto a desarrollar la virtud y corregir sus defectos según la propia valoración. Pero estas valoraciones pueden ser bien diferentes, por eso es recomendable **aceptar los defectos de los demás siempre que no dañen directamente nuestros intereses**.

En estos casos, es conveniente intentar llegar a un acuerdo para que nadie se vea perjudicado.

Nadie merece ser maltratado por más defectos que le encuentres, así como no es buena la idealización e idolatría de un semejante.

Nadie tiene derecho a maltratar a una persona por ser diferente.

¿APLAUDIR LA VIRTUD O PRACTICARLA?

Lee atentamente el siguiente relato. Luego saca tus conclusiones.

¿Estás de acuerdo con lo que dice el anciano? ¿Por qué? ¿Con cuál de estas actitudes crees que se identifica la sociedad actual? ¿Por qué? ¿Con cuál te identificas tú?

"En un teatro de Atenas se celebraba una representación a la que habían sido invitados los embajadores espartanos. Cuando el teatro estaba lleno, un anciano entró y trató inútilmente de hallar un sitio libre. Unos jóvenes atenienses que veían los esfuerzos del anciano por acomodarse comenzaron a reírse de él, irrespetuosamente. Al ver esto, los embajadores de Esparta, acostumbrados a venerar a sus mayores, se levantaron y ofrecieron sus sitios al anciano. Todo el público del teatro, al presenciar la escena, aplaudió a los embajadores.

—Es curioso —dijo el anciano— ,los atenienses aplauden las virtudes, mientras que los espartanos las ejercitan."

De Educar en valores con anécdotas de la historia, de Alfonso Francia Hernández.

Actitudes inaceptables

Alguien que se dedique a **maltratar a sus semejantes** porque los considera inferiores difícilmente pueda ser valorado como virtuoso, porque él mismo está negando su propia persona al intentar mostrarse por encima de los demás.

Si razonamos un poco, quizás ni siquiera podamos hablar de un defecto, pues virtudes y defectos son propios de los humanos y no de seres que se consideran a sí mismos como superiores. Excluimos entonces de las valoraciones de virtud y defecto todas las actitudes y comportamientos que estén contra la condición humana de un semejante, porque entendemos que quien actúa motivado por tales sentimientos **reniega de su propia humanidad** y se comporta como la peor de las bestias: la "bestia humana", el más feroz y temido predador del planeta, capaz de exterminar a su propia especie.

Hecha esta aclaración, diremos que los verdaderamente humanos tenemos ante nuestros semejantes actitudes y comportamientos valorados como virtudes y defectos.

Mira con atención
¿Qué actitudes observas en estos cuadros?
¿Quién es una persona soberbia?
¿Quién es comprensiva?
Justifica tu afirmación.

Disculpe, señor, pero no entiendo esta ecuación...

Si hubieras seguido mi explicación no tendrías ese problema. Ahora no tengo tiempo ni ganas...

¿No entiendes? No te preocupes, te volveré a explicar. Yo le tenía terror a las ecuaciones y ya ves, ahora soy profesora...

Los falsos defectos

Es común que algunas personas confundan origen racial, religioso, características físicas o discapacidad con defecto. Según el diccionario, **defecto** significa "imperfección natural o moral". Deberíamos reflexionar bastante sobre el término, ya que, al hablar de imperfección, **parece que admitiésemos que hay seres humanos perfectos** con los que comparamos al "defectuoso". Pero vayamos por partes y analicemos cada caso en particular.

Creer que el color de piel o la nacionalidad de una persona influyen sobre sus actitudes o la hacen defectuosa por naturaleza es algo que proviene de épocas remotas. Un claro ejemplo lo encontramos entre los conquistadores que dominaron y esclavizaron, durante los siglos XV y XVI, a medio mundo (toda América, África, Oceanía y parte de Asia). Se sentían "perfectos", creían parecerse a Dios y, por lo tanto, todo aquel que fuese diferente lo era por ser "imperfecto", defectuoso. De esa forma justificaron el trato inhumano a los indígenas, a los negros y también a los orientales. Si lo analizas bien desde las actitudes: ¿quiénes eran más "defectuosos"? ¿Se puede seguir, hoy en día, sosteniendo una mentira tan grande y despiadada?

Algo parecido sucedió con las religiones y, lamentablemente sigue sucediendo. Para algunos creer en un Dios diferente o no creer es una humillación imperdonable al Creador.

Si lo piensas un poco: ¿no será más humillación para Dios desvalorizar la vida de otro ser humano que, creyente o no, Él mismo creó?

¿Existe la perfección?

Muchas veces se hacen comparaciones físicas o se expresan cosas como, por ejemplo, que el defecto de una persona es su gran nariz. ¿Se puede tomar esto como un defecto? Pensemos que para los orientales, cuya nariz es más pequeña que la del resto de los seres humanos, los demás deben tener ese "defecto". Algo parecido podría

No existe
la perfección física

decirse sobre el tamaño de la boca, las orejas, la cabeza, la estatura, etcétera. ¿Será una virtud o un defecto hacer comparaciones físicas? ¿Existirá realmente algún modelo de perfección física? Con el mismo razonamiento anterior, ¿te animarías a decir que una persona discapacitada es defectuosa?

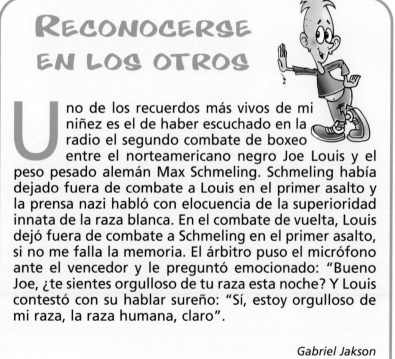

RECONOCERSE EN LOS OTROS

Uno de los recuerdos más vivos de mi niñez es el de haber escuchado en la radio el segundo combate de boxeo entre el norteamericano negro Joe Louis y el peso pesado alemán Max Schmeling. Schmeling había dejado fuera de combate a Louis en el primer asalto y la prensa nazi habló con elocuencia de la superioridad innata de la raza blanca. En el combate de vuelta, Louis dejó fuera de combate a Schmeling en el primer asalto, si no me falla la memoria. El árbitro puso el micrófono ante el vencedor y le preguntó emocionado: "Bueno Joe, ¿te sientes orgulloso de tu raza esta noche? Y Louis contestó con su hablar sureño: "Sí, estoy orgulloso de mi raza, la raza humana, claro".

Gabriel Jakson
De Política para Amador, de Fernando Savater,
Editorial Ariel,
Buenos Aires, 1996.

La tolerancia: una puerta a la convivencia

Asumirse imperfecto es una demostración de **sabiduría**, una virtud de la que no todos somos capaces y un requisito indispensable para abrir la puerta de la **tolerancia**. Ser tolerantes significa **reconocer en el otro a un semejante** que, como tal, será diferente y con quien podremos establecer

suele asustarnos un poco y a veces nos cuesta reconocer en él a un semejante. Esto es natural y nos sucede a todos.

Pero si te esfuerzas en reconocerte en el otro, es decir, en **resaltar las coincidencias, encontrar nuevos acuerdos y valorar las virtudes** de la persona diferente, seguramente lograrás que las diferencias sean

relativas y pierdan importancia.

Esto supone adoptar una **actitud abierta a la comucación y al entendimiento.** Indudablemente, de esta manera vivirás mejor, pues, al **aceptar a los otros** con sus diferencias, te estarás aceptando a ti mismo como un diferente y quedará la puerta abierta para que te acepten como tal.

acuerdos y desacuerdos.

Es fácil ser tolerante con aquellos con los que tenemos más acuerdos que desacuerdos, pero lo importante es poder serlo cuando el caso es al revés. Lo diferente

Un camino equivocado

El caso contrario es el de la intolerancia. Indefectiblemente conlleva la **discriminación,** porque el intolerante no soporta las diferencias, se cree perfecto y no acepta los defectos ajenos porque se niega a reconocer los propios. La intolerancia y la discriminación son **actitudes inhumanas** porque no respetan el derecho a lo distinto que es la esencia misma de nuestro género humano. El **discriminador** actúa desde la intolerancia buscando demostrar **la supuesta inferioridad del discriminado**, a quien llega a negarle su condición humana, amparándose en sus defectos. **Reniega de la igualdad** entre semejantes y, a la vez, no respeta las diferencias. Es quizás la peor de las actitudes humanas, si es que podemos llamar humana a una actitud que nos aleja de tal condición porque viola el derecho fundamental de toda persona: **el derecho a ser humano.**

Tender puentes

La *tolerancia*, el *respeto* y la *comprensión* hacia nuestros semejantes favorecen la convivencia y ayudan a construir la paz. Debemos actuar sin fanatismo; y tender "puentes" que nos acerquen cada vez más a nuestros semejantes, en vez de levantar "murallas" que nos separen.

A Juan le tocó bailar con la más fea

**La discriminación es una afrenta a la humanidad.
Pero, a veces, no nos damos cuenta de que se manifiesta
en hechos cotidianos, en ciertas costumbres negativas que no tienen
ninguna respuesta por parte de las autoridades.**

Juan se puso sus mejores ropas, peinó sus oscuros cabellos, se perfumó y se despidió de su madre. "Hoy vuelvo tarde, mamá. Me voy a bailar con unos amigos del colegio". Le dio un beso y salió de su casa hacia donde se encontraría con los otros chicos. Ese día, su amigo Javier le presentaría a su prima. Juan estaba entusiasmado (¡tenía tantas ganas de conocerla!) y pensaba: "¿Se fijará en mí? ¿Le gustaré? ¿Me animaré a hablarle? ¿Le caeré simpático?" Los amigos se encontraron en la esquina del local bailable y ahí estaba ella, verdaderamente hermosa. Juan sentía que la lengua se le había hecho un nudo, que los latidos de su corazón lo aturdían y que, de esta forma, mudo y sordo, poco podría hacer para conquistar su simpatía. Por suerte, Javier se percató del impacto y no dejó de elogiar las virtudes de su amigo.

Sacaron sus boletos de entrada y se pusieron en la fila, frente a la puerta del recinto. Al llegar su turno de entrada, una voz le explotó a Juan en la cabeza:

—No, muchacho. Tú no puedes entrar. Eres demasiado morocho y este es un lugar para chicos "bien".

El muchacho se sintió morir de vergüenza. Primero creyó que su timidez le jugaba una mala pasada y que no había escuchado lo que escuchó. Miró la cara compungida de Javier y, al escucharle ese "otra vez será" mientras traspasaba la puerta con la prima, regresó a la realidad. Hubiese preferido estar bajo tierra antes que soportar esa humillación. Entonces levantó la vista, como pidiéndole explicaciones a Dios, y se encontró con el rostro de quien lo rechazaba. Era un hombre corpulento como una muralla in-franqueable, tan morocho como él y con cara de no tener más tiempo para explicaciones. Otro joven, que había sufrido el mismo trato, lo tomó de un brazo y, para consolarlo, le dijo:

—Yo sé que es injusto que no nos dejen entrar porque nuestra piel es más oscura, pero en las disco las cosas son así. Hay días en que la puerta no está tan dura y pasas sin problemas. Si no es en una, yo intento en otra hasta que me dejan.

Juan, con toda la tristeza de quien se siente impotente, no supo si felicitarlo por su tenacidad o condenarlo por su estupidez.

Bajó los hombros, una lágrima rodó por su mejilla, y regresó a su casa.

Al recibirlo su madre y notar su palidez, le preguntó:

—¿Qué te sucedió, hijo?

—Nada, mamá; creo que la maldad aclaró mi rostro.

No dijo nada más, su cuerpo le pesaba demasiado. Sin siquiera desvestirse, se arrojó sobre la cama y se quedó dormido.

Flavio Gabaldón

Compañerismo y amistad

Cada vez que te unen lazos de afecto a un ser humano y compartes con ella momentos de alegría y de tristeza, pones en juego valores y actitudes que te definen como ser humano.

Dialogar y compartir

La relación entre dos personas que comparten un mismo ámbito de actividad (como el juego, el estudio o el trabajo en equipo) exige de ambas partes la necesidad de tenerse en cuenta; es decir, es imposible asumir una actitud indiferente hacia el otro. Pero esto solo no alcanza para desarrollar una **actitud de compañerismo o amistad.** En primer lugar, debemos establecer un puente de **diálogo** que nos permita el acercamiento para conocernos más, y construir nuestros acuerdos y desacuerdos. En segundo lugar, debemos desarrollar una actitud comprensiva que nos permita **compartir**, valorando las coincidencias y los objetivos comunes por sobre las diferencias.

En este caso, la **ayuda mutua** surgirá como necesidad casi natural, entablando una relación de compañerismo en la que la **lealtad**, la **honestidad** y el **respeto** serán también ingredientes necesarios.

Nada mejor que los amigos

El **compañerismo** es un camino que no siempre culmina en amistad, pero es imposible llegar a ésta sin antes haberlo transitado.

La amistad es un largo proceso de compartir experiencias entre compañeros, en el que la confianza ha logrado un lugar privilegiado y los acuerdos y coincidencias se han entrelazado de tal forma, que el acercamiento de los primeros tiempos ha dado paso a la unión por el sentimiento de **cariño** y **amor**. Para los niños pequeños es común confundir amistad con compañerismo, pues el solo hecho de compartir y disfrutar de un jue-

go suele determinar el "hacerse amigos".

Pero esas "amistades" infantiles tendrán muy poco que ver con las que surjan en su adolescencia. Los pequeños suelen entablar relaciones afectivas con gran facilidad, porque en realidad su corta experiencia de vida no les permite indagar demasiado en las coincidencias y diferencias, sus diálogos se centran en la actividad que están desarrollando y les cuesta mucho pensar en algo que vaya más allá de lo inmediato. De allí que sus relaciones se den en mayor cantidad, pero también con menor duración e intensidad. En la **adolescencia**, en cambio, comienza una etapa mucho más exigente y selectiva a la hora de hacer amistades. Los sentimientos afectivos se manifiestan de una forma menos espontánea, y requieren de un conocimiento previo, basado en la experiencia compartida y en el juicio crítico que de ésta se realiza.

Reciprocidad y abusos en la amistad

La base de las relaciones afectivas sanas es la **reciprocidad**. Es decir, se da y se recibe en un **intercambio equitativo**.

Las relaciones no equitativas son aquellas en las que una de las partes da mucho más de lo que recibe, o en las que a uno se le exige más de lo que el otro está dispuesto a dar y hacer.

Primordialmente, una relación afectiva debe hacer que te sientas bien. Si te parece que tus expresiones amistosas y tus actos generosos no encuentran la correspondencia adecuada, algo está fallando.

Desde luego, la amistad no es una cuestión comercial, ni un trueque donde por tal cosa se paga tanto o se entrega a cambio algo de valor similar. No podemos pensar, por ejemplo, que ante cada favor debemos cobrarnos con otro o que no haremos dos favores seguidos porque el primero no fue correspondido. Las circunstancias no son iguales para todos y la correspondencia tendrá que ver también con las necesidades. Pero el interés recíproco es lo fundamental en un vínculo afectivo tan importante. Si ayudaste a tus amigos cuando lo necesitaban, es lógico que esperes lo mismo de ellos.

LA RECIPROCIDAD

En ocasiones, con el afán de ser aceptadas, las personas de baja autoestima permiten situaciones de abuso y admiten hacer cosas que no corresponden con sus valores, gustos e ideas. La falta de respeto suele caracterizar sus relaciones.

Imagina que un amigo te invita a su casa para estudiar, pero antes de irte te pide que le ayudes a ordenar la habitación para evitar que sus padres lo reprendan.

Tú aceptas con gusto y pones el mayor empeño en hacerlo bien. Sin embargo, cuando, en otra ocasión, tú eres el que le pide que te ayude a ordenar tu habitación, él te contesta que no, porque es tuya y además le parece una tarea aburrida. ¿No crees que hay aquí un abuso? ¿Podrías determinar por qué?

La convivencia en el aula

Una de las formas más democráticas y eficaces para establecer pautas de convivencia con tus compañeros y maestros en la escuela son los llamados "concejos de aula". No es ni más ni menos que una asamblea donde todos los integrantes de la clase pueden participar ordenadamente. Para que esto ocurra, debe haber autoridades elegidas entre todos por votación, por ejemplo:

✳ un **presidente** que preside las reuniones, es decir que se encargue de dar la palabra a cada compañero, ponga orden en los momentos de debate y busque que se cumpla con la discusión de los temas propuestos;

✳ un **vicepresidente** o **secretario** que tomará nota de las decisiones y de los temas que se discutirán en la próxima sesión;

✳ un **secretario suplente** que sólo deberá actuar cuando falten el presidente o el vicepresidente.

Una de las primeras tareas que debe desarrollar el concejo para garantizar una buena convivencia es establecer acuerdos sobre las actitudes que los integrantes del grupo deberán observar durante el año lectivo. Es importante que quede registrado en una cartelera bien visible a la que todos puedan consultar en cualquier momento.

En base a esto podrán ir verificando sus comportamientos y reflexionando sobre sus actitudes.

Dialoga con tu grupo

Entre todos establezcan los siempre-siempre y los nunca-nunca que garantizan una buena convivencia. Aquí van algunos a modo de ejemplo, pero lo más importante es que surjan del intercambio de opiniones entre ustedes.

NUNCA - NUNCA ☹   ☺ SIEMPRE-SIEMPRE

NUNCA - NUNCA	SIEMPRE-SIEMPRE
☹ Peleamos por tener diferentes opiniones.	☺ Nos llamamos afectuosamente por el nombre.
☹ Ofendemos o insultamos a otros.	☺ Escuchamos con atención a nuestros compañeros y maestros, sin interrumpir.
☹ Ponemos apodos o sobrenombres feos o despectivos.	☺ El que termina antes ayuda a los que no concluyeron (si el maestro lo autoriza).
☹ Hablamos al oído para dar celos a los otros.	
☹ Nos burlamos de los que tienen dificultad para aprender.	

Respetar la diversidad

Los seres humanos somos individuos múltiples y no dependemos de una realidad absoluta. En el seno de un grupo organizado, debemos aprender a admitir la existencia de diferentes opiniones políticas, religiosas, y de comportamientos sociales y culturales muy diversos.

Diversidad y tolerancia

Diversidad significa variedad, pluralidad. La especie humana encuentra su riqueza en la multiplicidad de gustos, valores y opiniones. La monotonía y la uniformidad conducen con frecuencia, sino siempre, a la intolerancia y a la violencia.

La idea de que debemos **respetar los pensamientos, costumbres y opiniones de los otros** ha llegado a constituir la **base de la convivencia social.** La intolerancia es la negativa a admitir la libertad del otro, la ten-

LA VERDAD NO TIENE DUEÑO

Nadie es dueño de la verdad.
Los hombres no deberían rendirse culto a sí mismos, ni dividirse por tener distintas creencias, y mucho menos, por su apariencia.

dencia a no admitir, y condenar y excluir lo que no nos gusta de las opiniones y conductas de los demás. **La estrechez de espíritu, la intransigencia, el sectarismo, el espíritu de exclusión, el fanatismo** se oponen a la comprensión del otro y hacen imposible la convivencia humana.

No a los prejuicios

Un prejuicio es una creencia, una opinión preconcebida que nos ha sido impuesta por el medio, la época, la educación que hemos recibido. Los prejuicios constituyen la **base y fundamento de la intolerancia**.

Multiculturalidad

Si consideramos al mundo "nuestra casa común", debemos aceptar en él la coexistencia de numerosas culturas diferentes. Esta **pluriculturalidad** existe incluso en el seno de muchas comunidades nacionales. La existencia de **sociedades multiculturales** constituye un hecho fundamental de la historia de la humanidad y del mundo moderno.

De los prejuicios a la segregación

Segregar significa separar, poner aparte (siempre hablando de grupo humano o de la masa humana). La idea de segregar a otros se observa desde muy temprano en la historia de la humanidad y constituye una de sus características. A menudo, y sobre todo a partir del siglo XIX, la separación de grupos y personas adquirió un carácter absoluto, organizado y reglamentado. La segregación racial en los EE. UU., basada en las ideas de superioridad del hombre blanco, constituye un lamentable ejemplo de ello. Se ha señalado que la idea de segregación se apoya sobre el eslogan "iguales pero diferentes". Esa idea de igualdad en la diferencia en realidad manifiesta siempre el rechazo de la igualdad. La segregación conduce, de esta forma, a la **discriminación**.

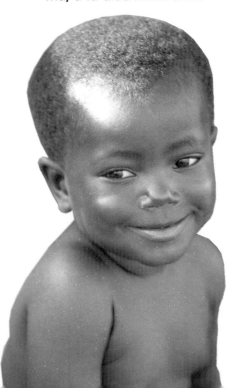

TE GUSTE O NO

En esta canción, el juglar catalán Joan Manuel Serrat nos habla de la aceptación del otro más allá de las diferencias culturales. Reflexionemos sobre esto y aprendamos a respetar a nuestros semejantes, pues –nos guste o no– ese es el único camino para convivir en la diversidad cultural.

*"Puede que a ti te guste
o puede que no,
pero el caso es que tenemos
mucho en común.
Bajo un mismo cielo,
más o menos azul,
compartimos el aire
y adoramos al sol.*

*Los dos tenemos
el mismo miedo a morir,
idéntica fragilidad,
un corazón, dos ojos,
un sexo similar
y los mismos deseos de amar
y de que alguien nos ame a su vez.*

*Puede que a ti te guste
o puede que no,
pero por suerte
somos distintos también.
Yo tengo una esposa,
tú tienes un harén,
tú cultivas el valle,
yo navego el mar.
Tú reniegas en swahili[1]
y yo en catalán[2]...*

*Yo blanco y tú como el betún
y, fíjate,
no sé si me gusta más de ti
lo que te diferencia de mí
o lo que tenemos en común.
Te guste o no,
me caes bien por ambas cosas.
Lo común me reconforta,
lo distinto me estimula.*

*Los dos tenemos
el mismo miedo a morir,
idéntica fragilidad,
un corazón, dos ojos,
un sexo similar
y los mismos deseos de amar
y de que alguien nos ame a su vez.
Te guste o no.*

Canción perteneciente al álbum
Nadie es perfecto, de Joan Manuel Serrat.

1 swahili: lengua bantú del África oriental, usada en varios países (Tanzania, Kenia, Uganda...), y que constituye la principal de la región. Actualmente es la lengua negroafricana de mayor difusión.
2 catalán: lengua hablada en el noreste de España (Cataluña, Valencia, islas Baleares), sur de Francia, Andorra y Alguer (Cerdeña).

Convivir en la diversidad cultural

Si miramos a nuestro alrededor, podemos ver que persisten los prejuicios y diversas formas de discriminación resurgen permanentemente. Ante esta situación de intolerancia, no debemos ser indiferentes; tengamos en cuenta algunos de los tristes sucesos del pasado y enfrentemos el desafío de convivir respetando al otro.

Una mirada hacia el pasado

Desde el ascenso del **nazismo** al poder, primero en Alemania y luego en otros países bajo su dominio (Polonia, Francia, Holanda, Bélgica, Luxemburgo y otros países europeos) se implantó la **siniestra doctrina racial contra los judíos**, quienes sufrieron toda clase de **discriminación, acosos y humillaciones**. Así, al producirse la expansión del nazismo a partir de 1938, aumentó el número de judíos sometidos por este régimen y crecieron las expresiones de **segregación y xenofobia** hasta límites absolutamente inhumanos. La máxima expresión de intolerancia del nazismo se manifestó con el **genocidio** en los **campos de concentración y muerte**, donde fueron asesinados seis millones de judíos, entre quienes había un millón y medio de niños. Murieron no sólo por hambre, epidemias, desnutrición o privaciones, sino también por el asesinato masivo en las cámaras de gas.

Enriquecernos con las diferencias

Tanto las devastadoras crisis económicas que aquejan a gran parte del mundo como las injustificadas persecuciones raciales, religiosas o políticas, entre otros motivos, tienen como consecuencia la inmigración. Ésta puede darse de un continente a otro, entre países limítrofes o de lugares del interior de un país hacia las capitales. La inmigración es el motivo por el cual en las grandes ciudades conviven personas de diferentes culturas, grupos étnicos y religiones. Pero... ¡atentos a los síntomas de intolerancia! Llamar a una persona por sus rasgos o su religión la separa de su identidad individual. Es como llamarlo "¡¡¡Eh, diferente!!!" y ya no importa quién es ni qué tie-

ne para brindarnos. Y si bien es cierto que **todos somos diferentes,** en esa diversidad es como los pueblos se enriquecen.

> *"Sin sentimientos de respeto recíproco, ¿qué distinguiría al ser humano de las bestias?"*
>
> Confucio, filósofo chino
> (551 - 479 a. C.)

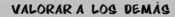

LOS TRES COSMONAUTAS

**Darse a uno mismo la posibilidad de conocer al otro puede ser una aventura fantástica y sumamente enriquecedora.
¿Por qué no lo pruebas?**

Había una vez la Tierra. Y había una vez Marte. Estaban muy lejos la una del otro, en medio del cielo, y alrededor había millones de planetas y de galaxias.

Los hombres que habitaban la Tierra querían llegar a Marte y a los otros planetas: ¡pero estaban tan lejos!

De todos modos, se pusieron a trabajar. Primero lanzaron satélites que giraban dos días alrededor de la Tierra y luego regresaban.

Después lanzaron cohetes, pusieron perros; pero los perros no sabían hablar, y a través de la radio trasmitían sólo "guau-guau". Y los hombres no podían entender qué habían visto ni a dónde habían llegado.

Al final encontraron hombres valientes que quisieron ser cosmonautas. El cosmonauta se llamaba así porque partía para explorar el cosmos: es decir, el espacio infinito, con los planetas, las galaxias y todo lo que nos rodea.

Los cosmonautas, al partir, ignoraban si podrían regresar. Querían conquistar las estrellas, para que un día todos pudiesen viajar de un planeta a otro, porque la Tierra se había vuelto demasiado estrecha y los hombres crecían de día en día.

Un buen día partieron de la Tierra, desde tres puntos distintos, tres cohetes.

En el primero iba un norteamericano, que silbaba muy alegre un motivo de jazz.

En el segundo iba un ruso, que cantaba con voz profunda: "Volga, Volga".

En el tercero iba un negro que sonreía feliz, con dientes muy blancos en su cara negra. En efecto, por aquellos tiempos, los habitantes del África, que finalmente eran libres, se habían demostrado tan hábiles como los blancos para construir ciudades, máquinas y –naturalmente– cosmonautas.

Los tres querían llegar primero a Marte para demostrar quién era el más valiente. El norteamericano, en efecto, no quería al ruso y el ruso no quería al norteamericano: y todo porque el norteamericano para decir buen día decía: "good morning" y el ruso decía: "ZGPABCTBYUTGE".

Por eso no se comprendían y se creían distintos.
Los dos –además– no querían al negro porque te-

nía un color distinto.

Por eso no comprendían.

Como los tres eran muy valientes, llegaron a Marte casi al mismo tiempo.

Llegó la noche. Había en torno de ellos un extraño silencio, y la Tierra brillaba en el cielo como si fuese una estrella lejana. Los cosmonautas se sentían tristes y perdidos, y el americano, en la oscuridad, llamó a la mamá.

Dijo: "Mamie..."

Y el ruso dijo: "Mama".

Y el negro: "Mbamba".

Pero enseguida comprendieron que estaban diciendo lo mismo y que tenían los mismos sentimientos. Fue así como se sonrieron, se acercaron, cada uno cantó canciones de sus respectivos países. Entonces se armaron de coraje y mientras esperaban el amanecer, aprendieron a conocerse.Por fin se hizo día: hacía mucho frío. Y de re-

pente, de un grupito de árboles salió un marciano. ¡Era realmente horrible verlo! Era todo verde, tenía dos antenas en lugar de orejas, una trompa y seis brazos. Los miró y dijo: "¡GRRRR!" En su idioma quería decir "¡Mamita querida!, ¿quiénes son esos seres tan horribles?" Pero los terrestres no lo comprendían y creyeron que su grito era un rugido de guerra. Fue así como decidieron matarlo con sus desintegradores atómicos.

Pero de pronto, en medio del enorme frío del

amanecer, un pajarito marciano, que evidentemente se había escapado del nido, cayó al suelo temblando de frío y de miedo. Piaba desesperado, más o menos como un pajarito terrestre. Daba realmente pena. El norteamericano, el ruso y el negro lo miraron y no pudieron contener una lágrima de compasión.

En ese momento, sucedió algo muy extraño. También el marciano se acercó al pajarito, lo miró y dejó escapar dos hebras de humo de la trompa. Y los terrestres, de golpe, comprendieron que el marciano estaba llorando. A su modo, como lloran los marcianos.

Después vieron que se inclinaba sobre el pajarito y lo alzaba entre sus seis brazos tratando de darle calor.

El negro, que en otros tiempos había sido perseguido porque tenía negra la piel y por eso mismo sabía cómo son las cosas, dijo a sus dos amigos terrestres:

—¿Se dieron cuenta? Creíamos que este monstruo era distinto de nosotros, pero también él ama a los animales, sabe conmoverse, ¡tiene un corazón y sin duda un cerebro! ¿Creen todavía que hay que matarlo?

No era necesario hacerse semejante pregunta. Los terrestres ya habían aprendido la lección. Que dos personas sean distintas no significa que deban ser enemigas. Por lo tanto, se acercaron al marciano y le tendieron la mano.

Y él, que tenía seis, les dio la mano a los tres, a un mismo tiempo, mientras que con las que le quedaban libres hacía gestos de saludo.

Y señalando la Tierra, distante en el cielo, hizo entender que deseaba viajar allá, para conocer a los otros habitantes y estudiar junto con ellos la forma de fundar una gran república espacial en la que todos se amaran y estuvieran de acuerdo. Los terrestres dijeron que sí entusiasmados.

Y para festejar el acontecimiento le ofrecieron un cigarrillo.

El marciano, muy contento, se lo introdujo en la nariz y empezó a fumar. Pero ya los terrestres no se escandalizaban más.

Habían comprendido que tanto en la Tierra como en los otros planetas, cada uno tiene sus propias costumbres, pero que sólo es cuestión de comprenderse los unos a los otros.

Umberco Eco, *Antología de la literatura infantil* (1932) CEAL.

UNA PÁGINA DEL DIARIO DE ANA FRANK

Con fuerza, con esperanza, con dulzura y con pasión, Ana escribe en su diario sobre su familia, sus inquietudes de adolescente y las crueles circunstancias que le tocaron vivir a causa del nazismo.

Kitty aún no sabe nada sobre mí. Por lo tanto, tendré que explicar brevemente la historia de mi vida. Mi padre tenía ya treinta y seis años cuando se casó con mi madre, que tenía veinticinco.

Mi hermana Margot nació en 1926, en Francfort del Main. Y yo, el 12 de junio de 1929. Puesto que somos cien por cien judíos, emigramos a Holanda en 1933, donde mi padre fue nombrado director de la Travies N.V., empresa asociada con Kolen y Cía., de Amsterdam. Ambas sociedades estaban instaladas en la misma casa, y mi padre era uno de sus accionistas.

Debo decir que nuestra vida no estaba marcada de emociones, porque el resto de la familia todavía estaba luchando para hacer frente a las medidas hitlerianas contra los judíos. A consecuencia de las persecuciones de 1938, mis dos tíos maternos huyeron y llegaron sanos y salvos a los Estados Unidos. Mi abuela, que por entonces tenía setenta y tres años, vino con nosotros. Después de 1940, nuestro bienestar se acabó rápidamente: primero la guerra, después la capitulación y la invasión de los alemanes, que nos dejó en la miseria. Una medida tras otra en contra de los judíos. Los judíos tenían la obligación de llevar la estrella, de ceder sus bicicletas... Tenían prohibido subir a los tranvías, conducir vehículos... Tenían la obligación de hacer sus compras exclusivamente en las tiendas que llevaban la marca de "tienda judía" y, además, sólo de tres a cinco de la tarde. Tenían prohibido salir después de las ocho de la tarde, incluso a su propio jardín, y quedarse en caa de sus amigos. Tenían prohibido ir al teatro, al cine o cualquier otro lugar de diversión. Tenían prohibido practicar cualquier deporte público: prohibido frecuentar la piscina, las pistas de tenis y hockey u otros lugares de ocio. Tenían prohibido ir a las escuelas judías, y un montón de restricciones como éstas...

Así vamos tirando, sin hacer esto, sin hacer aquello... Jopie siempre me dice: "Yo ya no me atrevo a hacer nada, por miedo a que esté prohibido".

De manera que nuestra libertad es muy limitada; pero bueno, la vida aún es soportable. La abuela murió en enero de 1942. Nadie sabe cuánto pienso en ella y cuánto la quiero todavía.

Yo iba a la escuela Montessori desde el jardín de infancia, es decir desde 1934. En el sexto B tuve de profesora a la directora, madame K. Al final de curso, la despedida fue muy dolorosa; lloramos las dos. En 1941, mi hermana Margot y yo entramos en el instituto judío.

De todas formas, nuestra pequeña familia de cuatro personas no puede quejarse mucho; y ya hemos llegado a la fecha de hoy. Sábado, 20 de junio de 1942.

Ana Frank, Diario, Barcelona, Selecta.

Actitudes positivas actitudes negativas

En nuestra vida de relación, todos podemos colaborar para desarrollar una convivencia más digna para nosotros y para quienes nos rodean. Veamos...

Lo que hay que "desaprender"

El ingreso a un grupo determinado no siempre es agradable. ¿Por qué? Porque **hay ciertos funcionamientos que obstaculizan la interacción o el desarrollo personal de sus miembros.** Vamos a mencionar algunos que son fácilmente observables.

✳ La **utilización de la fuerza** para imponer el dominio de uno o más miembros sobre otros. Por ejemplo, dentro de la familia se dan situaciones en las que el padre castiga a la mamá y los hijos. O la mamá a los hijos. Son casos de violencia familiar. Hay organizaciones que atienden estos casos, requieren de mayor atención de los organismos estatales.

✳ El **autoritarismo** es el predominio de uno o más miembros del grupo sobre otros. Se da en el grupo familiar, en otros grupos (instituciones) y en el Estado. Puede ser **encubierto** (se ejerce por la subestimación y la burla) o **abierto** (por medio de sanciones morales o castigos físicos, y de la expulsión). También se apoya en la admiración a una figura fuerte, en la cual se proyectan todos los valores deseados (honradez, heroísmo, sabiduría), pero que siempre es impuesta y falsa.

✳ La **competencia** es la rivalidad entre miembros del grupo, por dinero, prestigio, querer ser reconocido por el líder o el jefe. Detrás de este funcionamiento está el **elitismo**: la necesidad de ser reconocido como el mejor. En algunas relaciones laborales, de por sí perturbadas por la dependencia, la competencia es ocasionada por la necesidad de alcanzar un puesto jerárquico dentro de una empresa.

✳ El uso y la explotación de unos por otro u otros hace que no se reconozcan las necesidades personales.
El individuo sólo es valorado por su funcionalidad y muchas de sus potencialidades quedan anuladas porque no sirven al propósito de los que tienen el poder dentro del grupo.

Consecuencias

Estos funcionamientos hacen que se empobrezca el aporte de los miembros del grupo humano.
Aparecen **sentimientos negativos**, como la humillación *como forma de castigo, la*

PÉREZ, TRÁIGAME EL INFORME QUE LE ENCARGUÉ.

SI, SEÑOR, YA SE LO ALCANZO.

GARCÍA, ¿HICISTE EL INFORME QUE TE PEDI?

SÍ, AQUÍ LO TIENES.

¡MUY BUENO SU INFORME, PÉREZ!

GRACIAS, SEÑOR. YO SOLO CUMPLÍ CON MI TRABAJO.

CONSTRUYENDO VALORES

✱ Respetar a los otros en todo momento.

✱ Querernos y aceptarnos a nosotros mismos, tal como somos; y de igual forma también a los demás.

✱ Escuchar a los demás con modestia.

✱ Dialogar sin prejuicios.

✱ Cumplir con nuestras responsabilidades,

✱ Colaborar con los otros, en la medida de nuestras posibilidades, sin necesidad de que nos lo pidan y sin esperar recompensa.

✱ Aceptar que podemos estar equivocados y saber pedir perdón a tiempo.

✱ Ser coherentes con lo que decimos, lo que pensamos y lo que hacemos. Es decir, ser auténticos.

✱ Dialogar con los demás, aceptando otros puntos de vista y otras opiniones.

✱ Actuar sin fanatismos.

✱ Tender "puentes" que nos acerquen a nuestros semejantes, en vez de levantar "murallas" que nos separen. Y también preservar el medio ambiente, que nos pertenece a todos por igual.

¿Qué otras actitudes crees que ayudan a la convivencia? Dialoga con tu grupo, aporta tus propias impresiones y escucha las de los demás.

ENSEÑANZAS POSITIVAS Y NEGATIVAS

• Si un niño vive criticado aprende a condenar.

• Si un niño vive con hostilidad aprende a pelear.

• Si un niño vive avergonzado aprende a sentirse culpable.

• Si un niño vive con tolerancia aprende a ser tolerante.

• Si un niño vive con estímulo aprende a confiar.

• Si un niño vive apreciado aprende a apreciar.

• Si un niño vive con equidad aprende a ser justo.

• Si un niño vive con seguridad aprende a tener fe.

• Si un niño vive con aprobación aprende a quererse.

• Si un niño vive con aceptación y amistad aprende a hallar amor en el mundo.

Fuente: Filium, Asociación interdisciplinaria para el estudio y la prevención del filicidio.

como forma de castigo, la utilización de los más débiles, la depresión en las personas que no son aceptadas, la marginalidad de los que no piensan igual, el rechazo al que viene de afuera, y muchos más.

Relaciones positivas

¿Cuáles serían los mecanismos que permiten una buena relación y un funcionamiento sano de un grupo humano? Aquellos que permiten el desarrollo pleno de sus miembros. Habría que "desactivar", entonces, todos los funcionamientos que señalamos antes.

Lo contrario del autoritarismo es la **participación democrática** en todas las decisiones que toma un grupo. Cuando se impone una dirección, las personas que toman ese rol deben responder a las necesidades de todos y estar atentos a los aportes personales.

En un **grupo democrático** no se usa a las personas como si fueran cosas. Los conflictos son discutidos con total sinceridad para llegar a una solución. Los miembros son valorados en su individualidad y cada uno logra una gratificación afectiva.

Las buenas costumbres

Las costumbres son un tipo de comportamiento al que estamos habituados. Algunas son absolutamente personales, pero otras tienen un carácter social y cultural, ya que las comparten casi todos los miembros de una sociedad y se van transmitiendo de persona en persona, de generación en generación.
Sin embargo, no todas las costumbres son buenas, puesto que algunas entorpecen las relaciones con los demás.
Reflexionemos sobre esto y adoptemos sólo aquellas que favorecen la convivencia y el desarrollo personal.

Las costumbres, un tipo de comportamiento

El comportamiento por costumbre es cuando haces algo prácticamente porque siempre lo has hecho así, y es habitual para ti. Por ejemplo, al levantarte, saludas a tus familiares con un beso. Quizás el ejemplo mencionado sea una costumbre que proviene de tu familia. También, hay **costumbres de carácter personal,** que realiza cada uno individualmente (como leer antes de dormir); otras son de **carácter social y cultural**, es decir, compartidas por diferentes personas y grupos sociales: la escuela, el barrio, los amigos, los compañeros, la comunidad, el país...

LAS REGLAS DE JUEGO

La convivencia social requiere de ciertos acuerdos entre las personas. Son reglas que ponen límites a las conductas humanas, con el objetivo de evitar conflictos entre los miembros de una sociedad. Hay cosas que podemos hacer y otras que no hacemos por respeto a ciertas costumbres familiares, morales y religiosas.

Positivas y negativas

Las costumbres pueden ser valoradas como buenas cuando favorecen tu desarrollo como persona y tu relación con los demás. O son consideradas como **malas costumbres** cuando dificultan la convivencia y tu crecimiento como persona. Una mala costumbre personal, por ejemplo, es la de comer con las manos en vez de usar los cubiertos.

Saludarse, pedir permiso, dar las gracias, pedir perdón son ejemplos de buenas **costumbres sociales**. En cambio, decir palabras hirientes, insultos, ofensas y cualquier otra manifestación de violencia son ejemplos de **malas costumbres** sociales que debemos "desaprender".

¿Por qué saludar?

Hay muchas formas de saludar. A veces puede ser un gesto, en otros casos una o dos palabritas alcanzan.

Pero lo cierto es que casi todo el mundo lo hace, es una costumbre y de las buenas. Saludar es una forma de brindar afecto, de reconocerse en el otro, de sentir lo agradable que puede ser vivir entre personas cuando nos tenemos en cuenta. Imagínate qué bueno sería que todo el mundo se saludase. Sería todo más bello, nos sentiríamos más hermanados en nuestra humanidad, tal vez habría más entendimiento y menos agresión. Cuando dos personas pasan de largo sin siquiera mirarse, sin el mínimo gesto de reconocimiento, es como si la humanidad fuese algo extraño para ellas. **Bien vale el esfuerzo de intentar acercarnos los unos a los otros, de sentirnos semejantes, reconocidos y necesarios para llevar una vida más humana entre humanos.**

Permiso, me dejaría...

Otra buena costumbre es la de **pedir permiso**. Es una forma respetuosa de hacerte tu lugar y ser tenido en cuenta. Se utiliza cuando el otro no ha reconocido tu presencia o cuando necesitas utilizar algo que le pertenece. La **cordialidad** con que puedas tratar a tus semejantes no te hará feliz, tal vez ni siquiera sea reconocida por todos, pero te dará la tranquilidad y la seguridad que posee aquel que dio todo de su parte para que las relaciones humanas se den en un marco de **respeto**. Es posible que encuentres gente antipática, hostil y agresiva, pero no por eso deberás imitar sus modales, pues estaremos de acuerdo en que esta forma de actuar no es buena, no es virtuosa y ayuda poco en la convivencia.

Primero te escucho

Si tienes intención de entablar un verdadero **diálogo** entre personas, antes que nada, debes estar dispuesto a escuchar al otro. No se trata de escuchar solamente con las orejas, hace falta poner todo tu cuerpo en actitud de atención y tratar de entender lo que el otro te está diciendo.

Guardar el silencio necesario para que esta comunicación sea posible parecería lo más normal del mundo; sin embargo, son cada vez más las personas que no se sienten escuchadas y, en muchos casos, tampoco saben escuchar. En el afán por contar lo que les pasa, suelen olvidar que tienen delante personas a las que también les pasan cosas. O mientras el otro está hablando, están pensando o dialogando consigo mismos.

¿Qué es el diálogo?

"El diálogo es conversación; es volverse hacia el vecino con el deseo de escuchar y de entender. Nada parecido al simple y 'educado' dejar hablar al otro, mientras se está pensando en refutar lo que se ha entendido mal. El diálogo es búsqueda y encuentro, es tender puentes, es fiesta de comunión, es dejar las armas para último momento..., que se decide que no llegará nunca; es volverse un hombre hacia otro hombre, un pueblo hacia otro pueblo, una raza hacia otra raza; es volverse el presente incomprensible hacia el futuro esperanzado."

Antonio Alonso Alonso

Construyendo Valores

Hablar de buenos modales tal vez te parezca una antigüedad. Sin embargo, ciertas actitudes de respeto, cortesía, solidaridad y buenos tratos para con los otros no deberían perderse si deseamos realmente construir una sociedad más humana. Por ejemplo:

- solicitar algo pidiendo "por favor";
- saber decir "gracias" cuando satisfacen nuestro pedido;
- ser buenos anfitriones de nuestros amigos;
- saber compartir;
- esperar el turno en los juegos y no atropellar;
- tomar los mensajes telefónicos para nuestros familiares;
- mantener un correcto comportamiento en la mesa;
- ceder el asiento a las personas mayores en los transportes públicos;
- demostrar consideración por el otro.

¡Conservemos estas y otras **buenas costumbres**! La convivencia se hace más grata de esta forma. ¡Prueba y comprueba!

CONSTRUYENDO VALORES

La verdad se construye con honestidad, lealtad, nobleza, valor, franqueza, ¡autenticidad! No admite falsedades, traiciones, ofensas, calumnias, obsecuencia ni engaños. ¡Tenlo siempre presente!

La verdad no ofende

Ser sinceros y decir siempre la verdad nos hace confiables ante las demás personas. A nadie le gusta ser engañado. Cuando mentimos le estamos faltando el respeto al otro, pero también a nosotros mismos. La mentira nos puede llevar a situaciones de riesgo, pues el mentiroso suele hacerse adicto a esta actitud. Esto se debe a que, para sostener una falsedad, debe luego inventar otras que le den validez, que no la contradigan y que la hagan aparecer como si fuese real, verdadera. La mayoría de las veces, esa cadena de mentiras tiene algunos eslabones débiles y no tarda en romperse, y se descubre al fabulador que queda absolutamente desnudo de argumentos. Quien creyó en el mentiroso se siente profundamente estafado, ofendido.

La verdad, en cambio, nunca ofende. Puede provocarnos desilusión, tristeza, desesperanza o hasta, en el peor de los casos, malestar; pero no puede ofendernos porque **quien nos dice la verdad nos está respetando.** Sin embargo, hay ocasiones en que ciertas razones humanitarias hacen que una persona le oculte a otra parte de la verdad. En efecto, sería poco humano decirle a un enfermo a punto de morir que ya no tiene esperanzas. En ocasiones, cuando la verdad puede generar un sufrimiento inútil, recurrimos más a la piedad y sacrificamos un poco nuestros principios.

FRASES Y REFRANES PARA ARMAR

¿Te animas a unir las palabras de la columna izquierda con las de la columna derecha para armar frases y refranes sobre la verdad

"El lenguaje de la verdad	la mentira perece."
"Quien no quiere ver la verdad	hasta el punto de no conocerse sus huellas." (Quintiliano)
"Prefiero molestar con la verdad	es sencillo como ella misma." (Esquilo)
"En boca del mentiroso	pierde la credibilidad."
"La verdad permanece,	que complacer con adulaciones." (Séneca)
"La verdad nunca se oculta	se engaña a sí mismo."
"Quien miente	lo cierto se hace dudoso."

COSTUMBRES FAMILIARES "DEL TIEMPO DE LA YAPA"

A través de esta deliciosa crónica costumbrista, la autora rescata las costumbres familiares del domingo, el comportamiento comunitario, la cordialidad y demás características que sobresalieron en Guayaquil –y en muchas ciudades de América Latina- en los "tiempos de la yapa".

Las visitas

A excepción del madrugón para la misa obligatoria, las actividades propias del domingo tenían connotaciones de carácter familiar y social, distantes todas ellas del supuesto descanso advertido por el Supremo Hacedor. Rigiéndonos por los esquemas de la familia patriarcal, dábamos cumplimiento al ritual casi sagrado de concentrarnos alrededor de los abuelos. Hijos, nueras, nietos, primos, tíos, todos cabíamos en aquellos espaciosos caserones de madera que propiciaban el encuentro semanal, durante el cual aprendíamos a reconocer nuestros lazos de sangre y nuestro origen.

Las mesas se engalanaban con ravioles de Corsiglia, hayacas[1] con pollo, viandas rociadas con vinos de Péndola y Lanata. Para el postre, leche espuma, dulce de higos, manjar[2]

o torta de camote. Comíamos, discutíamos, festejábamos o lamentábamos. Todo al amparo de los mayores. Y cuando los temas se ponían color de hormiga... ¡los niños a jugar! Porque las opciones de escuchar y ser escuchados dependían de la edad, del tamaño y del timbre de voz que a los gritones favorecía desde chiquitos. De lo contrario había que saber esperar; pues, el Código de menores y los Derechos del Niño constituían utopías y a los adultos les hubiese provocado risa que un muchachito o muchachita afanasen protestas, intentando quedarse para hacerse respetar. En cambio, la sobremesa aportaba ocasiones de general atención, cuando en la reñida competencia de aptitudes -todavía no deformados por influyentes arquetipos de la televisión- los niños recitadores, cantores, bailadores e intérpretes de varios instrumentos éramos las estrellitas de la reunión familiar,

que se prolongaba dejando casi siempre el sabor agradable del tiempo compartido y el efecto enraizado en el centro del corazón.

A la hora del café
Alrededor de las cinco, cuando la tarde empezaba a refrescar, salíamos a hacer visitas a los padrinos y amigos, o nos preparábamos para acogerlos en nuestro hogar, ofreciendo y recibiendo esa amalgama preciosa que se obtiene al mezclar dosis justas de aprecio y sinceridad entregadas sin cálculo ni reserva. Despreocupados de las apariencias, disfrutábamos la taza de café pasado, rosquitas, chifles, jalea casera de guayaba, galletas de soda, copitas de rompope[3] y la gratísima conversación de personas allegadas. Así, íbamos introduciéndonos en las escenografías de cada casa, las mismas que al paso de los años llegábamos a identificar con la confianza que otorga la verdadera amistad. […]

Muebles, jarrones, cuadros, retratos, espejos y más objetos de adorno se atesoraban con esmero en homenaje al pasado o al esfuerzo que había costado adquirirlos, poco a poco. Nadie hablaba de precios ni de marcas y las antigüedades no se compraban, puesto que formaban parte del legado ancestral. Las familias cultivaban sus relaciones sociales, y una de las maneras de lograrlo era en esas visitas dominicales de las que participaban madres, padres e hijos, sin temor a perderse el programa de la tele, el partido de fútbol o la reunión con la "masa" para salir a vacilar[4].

La tertulia dominical
En las visitas se intercambiaban vivencias, recuerdos, chismes, chistes. Se jugaba cuarenta o póker, se comentaban acontecimientos sociales, artísticos y políticos y se hacía la tertulia literario-musical, contando muchas veces con la presencia de autores, poetas, compositores, amigos de los anfitriones cuyos salones constituían generosos espacios, para fomentar el progreso cultural de la ciudad. […]

Ahora ya no hay tiempo
La tertulia guayaquileña se fue extinguiendo cuando el liderazgo social cambió de manos. Los domingos son días de fútbol o de alcohol. Las visitas, encuentros de viejos aburridos. Y de las reuniones familiares nadie quiere hacerse cargo si no hay "asistente doméstica" que acepte un domingo lavar los platos... Tampoco abuelitas que pasen el día en la cocina preparando almuerzos para todo el batallón. Por eso no es nada raro que entre los parientes nos desconozcamos. Que de los amigos desconfiemos. Somos parte de una sociedad que en la prisa por hacer dinero se ha quedado sin tiempo para el cultivo de la sensibilidad y equivocando perspectivas vive pagando altos precios por la engañosa quimera de la felicidad... Este es un tema que me gustaría seguir tratando, cuando alguien me venga a visitar..."

Yeny Estrada, "Del tiempo de la Yapa",
El Universo, Guayaquil, Ecuador.

1) **Hayaca:** Pastel de harina de maíz relleno con pescado o carne.
(2) **Manjar:** Dulce de leche.
(3) **Rompope o rompopo:** Licor que se prepara con aguardiente, leche, huevo y azúcar.
(4) **Vacilar:** En este caso significa bailar.

Ayudar nos engrandece

Los humanos nos necesitamos los unos a los otros. Desde que nacemos, y durante toda nuestra vida, seremos ayudados por nuestros semejantes una y otra vez. Pero también nosotros nos veremos obligados a colaborar con los demás. Cuando esta colaboración no nace de una obligación impuesta, sino del deseo de un ser humano por ayudar a otro ser humano, estamos ante una de las virtudes más valorables que podamos realizar. Esta virtud, que nos ayuda a estar mejor con nosotros mismos y con los otros, se llama solidaridad.

Somos interdependientes

Una de nuestras características como seres sociales y culturales es la de reconocernos como miembros de una gran comunidad, la **comunidad humana**. Nos asociamos porque nos necesitamos los unos a los otros.

Es decir, **somos interdependientes**. En la familia, necesitamos que nuestros padres nos protejan y nos cuiden mientras somos pequeños. Pero, a medida que crecemos, nosotros también colaboramos con nuestros padres. En la escuela necesitamos de los docentes para que nos enseñen. En general no somos conscientes de esa interdependencia hasta que nos vemos frente a un problema personal y debemos recurrir a otros, o se produce un conflicto en el que se encuentran varias personas involucradas y debemos resolverlo entre todos. Son situaciones que requieren de nuestra **solidaridad**.

¿QUÉ SIGNIFICA SOLIDARIDAD?

La palabra solidaridad proviene del verbo *"solidar"* (en desuso en la actualidad, aunque se utiliza su variante, "consolidar"), que significa unir, conectar, soldar, hacer fuerte. Esta acción es la que en realidad buscamos con actitudes solidarias, es decir que buscamos unirnos, conectarnos, hacernos más fuertes; en fin, **consolidarnos como personas.**

A veces se presentan situaciones muy duras para la gente, como pueden ser las catástrofes naturales. Es en esas situaciones cuando más se expresa la solidaridad colectiva.

Ser solidario, hacer un favor

Al ser parte de una comunidad, **nada de lo que le suceda a un semejante podrá sernos totalmente ajeno.** Todo lo que les pasa a los demás nos despierta algún sentimiento, nos genera alguna actitud.

Hay quienes aparentan cierta indiferencia ante sus semejantes, pero en realidad esta actitud tiene más que ver con la desconfianza y el miedo, que suelen paralizar a las personas hasta el punto de anular sus sentimientos originales.

Quien es capaz de gozar con el dolor y el sufrimiento ajenos padece una gravísima enfermedad que lo lleva irremediablemente a la **deshumanización.** Pero la persona sana, cuando descubre que un semejante está en problemas, acude en su ayuda sin esperar nada a cambio. Siente que al ayudar a otros se ayuda a sí misma, que al colaborar para satis-

Te traje lo que hicimos en clase...

¡Qué bueno! Así no me atraso...

Hacer un favor o recibirlo es uno de los actos más gratificantes que podemos vivenciar. Desde el favor más pequeño hasta el más grande, son actitudes de incalculable valor, no tienen precio; su única recompensa es el agradecimiento. La solidaridad se manifiesta en acciones concretas y hace más fuertes los vínculo con los demás.

facer las necesidades de alguien, satisface las propias y su alma se engrandece. **Se siente bien consigo misma porque no se siente sola: ha creado un vínculo, una unión con el otro, aunque jamás lo haya visto ni lo vaya a conocer.**

La solidaridad colectiva

A veces, la solidaridad no consiste en una actitud personal. Pensemos en cualquier proyecto colectivo, como un trabajo en equipo en la escuela, o acciones benéficas dentro de una comunidad, un barrio...

Cuando se ponen en marcha este tipo de proyectos, el compromiso, la reciprocidad y la solidaridad son fundamentales para conseguir un objetivo.

Cada uno ofrece su apoyo y, de este modo, se realiza como persona, pero también colabora para que la comunidad o el grupo avance y crezca.

Una sociedad solidaria es aquella en la que todas las personas son consideradas valiosas.

DAR SIN PEDIR

Ser solidario no es dar lo que nos sobra, sino lo que el otro necesita en el momento apropiado. Para ello, debemos estar atentos y dispuestos a brindar comprensión, respeto, amor, ayuda, compañía, apoyo, colaboración... con generosidad y humildad, sin esperar nada a cambio.

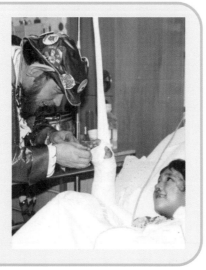

Cooperar con la familia

Los primeros lazos solidarios, y quizás los más fuertes, serán los que tiendas en tu propia familia. De allí la importancia que tienen las **actitudes solidarias en tu hogar.** Hacerles un favor a tus padres, a tus hermanos, a tus abuelos o a cualquier familiar debe ser un hecho tan natural como recibirlos. La unión y la **fortaleza** de tu familia depende en gran parte de estas actitudes.

Con cada uno de los más pequeños actos (como mantener el orden y la higiene en tu cuarto, guardar cuidado con los objetos de tu casa, respetar los horarios de descanso de tu familia, compartir tus objetos personales, ayudar a tus hermanos menores en sus tareas escolares o colaborar en cuanto puedas con todos los integrantes de tu hogar), estarás comenzando a tejer tu propia red solidaria. Esta red no se limitará sólo a tu hogar, pero necesariamente comienza en él.

Quienes no son capaces de asumir estas actitudes entre

CONSTRUYENDO VALORES

Si dejamos de lado actitudes egoístas y asumimos el compromiso de participar en y con la familia, ayudándonos por el bien común, ¡ganamos todos! Podemos compartir así los problemas, las tareas, los esfuerzos, los temores... y también las alegrías, los logros, los juegos, el entusiasmo, los anhelos... De esta forma, las tareas se resuelven más fácilmente, las alegrías son mayores y se reducen las preocupaciones. Prueba y comprueba.

quienes lo rodean de forma más directa, difícilmente puedan luego hacerlo con otras personas, y mucho menos con desconocidos.

Para resumir: **la solidaridad siempre debe empezar por casa.**

Lápices en acción

Expresa tu opinión sobre las siguientes actitudes. ¿En cuáles la solidaridad es un hecho cotidiano y en cuáles no?

- ☐ Se levanta de la cama al primer llamado.
- ☐ Después de ducharse, se preocupa por que el baño quede limpio y ordenado.
- ☐ Se desentiende de todas las tareas domésticas.
- ☐ Avisa a sus padres si algo no funciona en el hogar.
- ☐ Siempre se olvida de ordenar su cuarto y sus útiles.
- ☐ Gasta en golosinas el dinero que llevaba para comprar materiales de estudio.
- ☐ Derrocha el agua y la luz.
- ☐ Respeta los horarios de la familia por propia decisión.
- ☐ Deja su ropa, los útiles de estudio y sus elementos personales en cualquier parte de la casa.
- ☐ Siempre tiene buena disposición para ayudar a los suyos.

> Tengo que agradecerles muy especialmente a mis hijos, que me alentaron y me ayudaron para que yo tuviera tiempo para estudiar. Sin su ayuda...

Una ayudita "por favor"

Como somos humanos, nos necesitamos unos a otros. No es nada vergonzoso pedir ayuda, pues todos, sin excepción, la necesitamos en algún momento. Pero, para despertar actitudes solidarias en los demás, es importante **no descuidar el modo de pedir dicha ayuda**.

Como lo que estás pidiendo no es otra cosa que un favor, es lógico que lo pidas como tal. Cuando las cosas se piden **"por favor"**, es difícil que alguien se niegue a ayudarte. En cambio, si formulas tu pedido como si fuese una orden, tu semejante podría sentirse ofendido pues lo estarías tratando como si estuviese obligado a servirte.

A nadie le gusta ser tratado como esclavo, porque todos tenemos derecho a ser libres, a poder elegir. Por mucho que necesites recibir ayuda, debes pedirla **"por favor"**, porque de esa forma estarás demostrando respeto por la dignidad humana de tu semejante, lo estarás tratando como persona libre, con derecho a elegir. Seguramente, quien se sienta respetado te respetará a ti.

El que recibe, agradece

Así como recibir ayuda es un derecho del que no podemos avergonzarnos, y pedir esa ayuda con un "por favor" se transforma en obligación para respetar a quien se la solicitamos, debemos también tener en cuenta cómo retribuimos el favor. No alcanza con devolver un favor con otro (cosa que no estaría nada mal), hay que saber agradecerlo en el momento. Eso es lo único que espera de ti la persona que te ayuda desinteresadamente.

El dar las gracias es una forma de cuidar al otro, de demostrarle que tuviste en cuenta lo que hizo por ti. Una sola palabra, **"gracias"**, encierra en sí misma un reconocimiento que ayuda, a quien la recibe, a sentirse valorado. Por eso es tan importante, porque de alguna manera ayuda al que te ayudó. El que agradece asegura el lazo solidario, cerrando el círculo de la comunicación, es decir, devolviéndole el cuidado y la atención a quien lo atendió y trató como persona humana.

Es una manera de unirse en el respeto y de reconocernos como semejantes.

TEN EN CUENTA QUE...

...no dar las gracias es un acto de desprecio, es desconocer lo que otro hizo por ti, como si no hubiese existido, o considerarlo un simple objeto del que te has valido y al que abandonas como si fuera descartable.

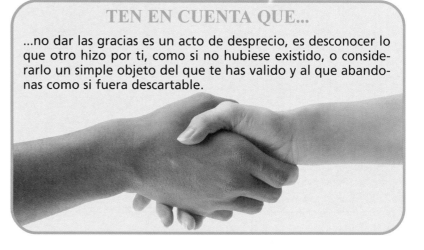

PALABRAS PARA NO OLVIDAR

No se precisa hacer grandes cosas para construir un mundo mejor. Hay muchas "pequeñas" acciones que cada uno puede realizar para mejorar la convivencia. Sólo es cuestión de tenerlas presentes y ponerlas en práctica en los diferentes ámbitos de la vida cotidiana.

PALABRAS MÁGICAS

Hay palabras mágicas
que llegan al corazón,
reflejan sabiduría
y buena educación.

Son palabras que transmiten
gratitud, nobleza, amor…
o el arrepentimiento
de quien se equivocó.

No pierdas esas palabras
que salen del corazón,
mejoran la convivencia
y crean lazos de unión.

¡Aduéñate de su magia!
Y si se da la ocasión,
No dudes en dar las GRACIAS,
pide todo POR FAVOR.

Y con arrepentimiento,
sin temor, pide PERDÓN.
No dejes que se pierdan
las llaves del corazón.

¡Aduéñate de su magia
y construye un mundo mejor!,
más humano, más digno…
y donde reine el amor.

Marta Ghiglioni

Lápices en acción

Lee atentamente estas situaciones y, luego, las posibles soluciones. Para resolver cada una de aquellas se proponen acciones solidarias. ¿Cuál corresponde a cada situación planteada?

1) Rosalía no puede concurrir a la escuela porque está muy enferma. Su tratamiento cuesta mucho dinero y su familia no puede afrontarlo por falta de recursos.

2) Una de las paredes de la biblioteca de la escuela se humedeció. Aunque ya se solucionó el problema, la humedad ha destruido una gran cantidad de libros y la escuela no puede conseguirlos.

3) La mamá de Leonardo está internada. El papá debe cuidarla, y no tienen familiares que se puedan encargar de los niños.

☐ Los padres de los alumnos deciden donar libros de toda clase: cuentos, historietas, enciclopedias, etcétera.
☐ Un grupo de mamás se turnan para llevar a su casa a cada uno de los niños y atenderlos.
☐ Los compañeros deciden hacer una rifa para juntar dinero.

¿De qué otra manera se podrían haber solucionado estas situaciones?
¿Qué valores y actitudes se ponen en juego para resolver este tipo de problemas?

Buscando el entendimiento

Como vimos hasta aquí, lograr la convivencia es una tarea de construcción permanente. Requiere fundamentalmente de acuerdos que nacen del diálogo y la comprensión. Para lograrla, tenemos que poner en práctica una serie de actitudes positivas hacia los que nos rodean. Y también reconocer los errores, ya que, como personas libres que somos, podemos elegir el comportamiento que consideremos más adecuado a las circunstancias y... equivocarnos.

Con mis amigos no me enojo, dialogo

Hay actitudes y actitudes...

Como ya sabes, tus acciones dependen exclusivamente de ti. Más allá de las normas y pedidos para que actúes de determinada manera, será tu voluntad la que decidirá en última instancia. Esa decisión te puede llevar a tomar **actitudes correctas o incorrectas**.

Si tu actitud persigue el fin de dañar a un semejante, es evidente que no es positiva, porque va contra una buena convivencia y -como dijimos- los seres humanos nos necesitamos los unos a los otros: necesitamos convivir. Por más daño que te haya causado una persona, actuar de la misma manera no te hará bien, porque tomar revancha te pondrá a su mismo nivel y entonces ya no habrá posibilidades de mejorar la convivencia, de que el otro reflexione sobre su actitud negativa y la modifique.

Yo a Lucía la saco de la agenda, ¡no quiero saber nada más con ella!

No hagas eso. Habla con ella y dale otra oportunidad.

Cuando devuelves una mala actitud con otra mala actitud, pierdes el **respeto por el otro**, pero también el **respeto por ti mismo**, porque seguramente no es ésa la forma en que te gusta ser tratado, ni la forma en que te gusta tratar a los demás.

Perdón, lo hice sin querer...

Puede suceder que, aun sin quererlo, le provoques un daño a otra persona. Seguramente te sentirás mal contigo mismo por lo hecho, y querrás reparar el daño del que te sabes responsable. Pero, ¿cómo hacerlo? Para empezar, ya cuentas con algo importante, como es **asumir tu responsabilidad y sentirte arrepentido**. Sin estas dos condiciones, no vale de nada pedir perdón. Si no te sintieses responsable, no tendrías por qué pedir perdón, y si lo hicieses sólo por miedo a un castigo o a una represalia, significaría que no estás verdaderamente arrepentido. Lo más probable, entonces, es que repitas los mismos

CONSTRUYENDO VALORES

Quien sabe pedir perdón con sincero arrepentimiento puede perdonar con nobleza. Perdonar significa dar una nueva oportunidad, cambiar el enojo por la comprensión y ayudar al otro a modificar sus errores.

errores, y esto hará difícil que te vuelvan a perdonar.Cuando perdonas a quien te ha causado un daño, lo haces con la esperanza de que corrija su mal comportamiento. Es una forma de darle una nueva oportunidad, de devolverle la confianza. Pero nadie puede perdonar eternamente a quien una y otra vez le hace daño y no da muestras de querer cambiar sus actitudes.

> *Antes de pedir perdón debes reflexionar sobre tus actos. Sólo así te harás merecedor de otra oportunidad y podrás recuperar la confianza de los otros.*

Comprender y perdonar

Así como todos tenemos derecho a equivocarnos y pedir perdón, también nos vemos en la **obligación de perdonar**, para que el derecho anterior pueda ser realmente respetado por todos. Hacer valer un derecho nos impone siempre una obligación porque, en una sociedad democrática, las personas tienen igualdad de derechos. Por lo tanto, para que se respeten mis derechos, me veo obligado a respetar los de los demás.

Sólo sabe perdonar quien reconoce sus propios errores, el que admite que puede equivocarse, sabiendo que no es perfecto. Al reconocer todo esto, puede **identificarse** con sus semejantes y darse cuenta de que, en tanto son humanos, también los otros pueden equivocarse o cometer errores en su comportamiento.

Perdonar y ser perdonado es entonces una actitud esencialmente humana.

Dialogando se entiende la gente

Si hay algo que nos diferencia del resto de los seres vivos es la posibilidad de entendernos a través de la **comunicación.** No siempre sabemos aprovechar el privilegio que tenemos de poder hablar. Los animales suelen resolver sus conflictos por la fuerza, ya que no están dotados de **raciocinio**. Pero, cuando las personas imitamos ese comportamiento, no hacemos otra cosa que deshumanizarnos, es decir, abandonamos nuestra condición humana. La única forma de solucionar un conflicto entre humanos es estableciendo acuerdos mediante el diálogo. Si el conflicto no es tomado como un problema al que se le debe dar una solución compartida, no se podrá resolver; a lo sumo quedará oculto por la fuerza, pero en el momento en que ésta se debilite reaparecerá una y otra vez.

Presta atención

¿Qué diferencias encuentras en las actitudes de los amigos de Carlos? ¿Con cuál estás de acuerdo y con cuál no? ¿Por qué?

Merecimos la derrota.

¿Qué disparate estás diciendo, Carlos? ¡Perdimos porque el árbitro nos boicoteó!

Yo creo que, más allá de que el equipo no jugó muy bien, el árbitro favoreció a los contrarios.

CONSTRUYENDO VALORES

Las expresiones cortantes y altivas que enjuician inflexiblemente la opinión del otro y la descalifican constituyen un freno para el diálogo.
En cambio, cuando se expresa respetuosamente una consideración personal sobre la opinión ajena, sin descalificarla, el otro no se siente desacreditado y queda abierta la posibilidad de seguir dialogando para llegar a un acuerdo.

No al autoritarismo

Las personas autoritarias creen que pueden resolver los conflictos por la fuerza. Se creen dueñas de la razón e intentan imponerse sin escuchar las razones del otro. Piensan que el diálogo es una pérdida de tiempo y ejercen la violencia creyendo que de esa forma serán respetadas. En realidad, el único sentimiento que generan es miedo y, tarde o temprano, rebeldía, porque nadie soporta fácilmente que se le impongan las cosas, perdiendo así su derecho a ser una persona libre.

Cuando el miedo es vencido por la rebeldía, todos los conflictos que el autoritario creía haber solucionado se volverán en su contra; se sentirá seguramente fracasado como persona, porque desaprovechó la posibilidad de dialogar, entender y ser entendido.

Sí al consenso

Dialogar y entenderse significa construir acuerdos, respetarse como personas libres. Para construir acuerdos, siempre es necesario tener en cuenta al otro, ceder algunas posiciones y reafirmar otras. Así se llega al **consenso**. Es decir, a un acuerdo compartido por todos, puesto que ha sido resuelto mediante el diálogo. Cuando un problema se soluciona por consenso, todas las partes involucradas se sienten comprometidas con esa solución. Es, indudablemente, la única manera de

superar verdaderamente un conflicto. Cuando las soluciones son impuestas por el más fuerte, son los conflictos los que terminan superándolo.

¿Quieres que tu diálogo sea fecundo y te lleve a buen puerto? No te dejes llevar por suposiciones o prejuicios que te harán sordo a las razones del otro.

¿SABEMOS DIALOGAR?

En general, las personas prefieren más hablar que escuchar al otro. Si queremos mantener un diálogo fecundo debemos tener en cuenta algunas de estas consideraciones:

* La falta de ganas para escuchar produce una comunicación defectuosa.

* Interrumpir permanentemente al otro sin permitirle que termine con una idea es cerrarse al diálogo. No se puede hablar y escuchar al mismo tiempo.

* Si la personalidad o la belleza de la otra persona te impacta y no piensas en lo que te está diciendo, no lograrás una comunicación efectiva.

* Si tienes interés en lo que está diciendo el otro, deberás dejar lo que estás haciendo y mirarás a tu interlocutor a los ojos.

* Debes ser receptivo/a a las palabras de tu interlocutor/a y tratar de captar los significados y los sentimientos que te transmiten.

Actitudes para construir un espacio común

Muchas veces integramos grupos y equipos de trabajo que tienen un objetivo compartido. Sin embargo, la construcción de esos espacios puede adoptar diferentes características: favorecen la participación o la dificultan.

Modelos de organización opuestos

En diversos ámbitos sociales es necesaria la organización para lograr los objetivos propuestos. Cuantas más personas se ven involucradas en una organización, más difícil será arribar a un consenso para la toma de decisiones.

Encontraremos dos modelos opuestos para dar solución a este problema: la organización **verticalista-autoritaria,** y la **organización democrática-pluralista.**

De arriba hacia abajo

La organización verticalista se basa en una cadena donde las decisiones son tomadas en el eslabón más alto por el líder, sin que puedan ser cuestionadas por quienes están bajo su autoridad. El líder es incuestionable y los miembros de la organización se limitan a obedecer.

A veces, en vez de un líder, hay un grupo de dirigentes que actúan en forma unifor-

Muchos grupos pequeños, que tienen una finalidad determinada, mantienen una organización completamente horizontal (de democracia directa), en la cual todo se decide según la opinión de la mayoría de sus miembros.

me. La discusión y la reflexión son prácticamente inexistentes. Este tipo de organización es muy ejecutiva, es decir, permite una rápida respuesta a cada situación; pero transforma a los individuos que participan de ella en personas sin juicio crítico, acostumbradas a recibir órdenes, e incapaces de tomar decisiones y argumentarlas inteligentemente. Las **organizaciones mi-** **litares o policráticas** suelen tener este tipo de organización.

Entre todos

Las **organizaciones democráticas** son bastante más complejas, porque parten de la base de que todos los miembros tienen derecho a opinar y participar de las decisiones. Los **líderes** o dirigentes de estas or-

Organización verticalista-autoritaria

Líderes o dirigentes

↓

Miembros del grupo u organización

✳ Los líderes o dirigentes toman las decisiones. Los niveles inferiores las hacen cumplir.

✳ Los errores de los líderes se ocultan. Siempre se culpa a los niveles inferiores.

✳ No hay control sobre las acciones de los dirigentes, lo que genera corrupción y actos arbitrarios.

✳ Actitudes que se fomentan: fanatismo, comportamientos irracionales, obsecuencia, delación, egoísmo.

ganizaciones son **elegidos por sus integrantes** y sus decisiones pueden ser cuestionadas, ya que necesariamente serán discutidas por el grupo, que puede estar de acuerdo o no. Cada integrante tiene **libertad para opinar**; pero una vez que la mayoría aprueba una decisión, ésta debe ser respetada. Aunque a veces las decisiones lleven más tiempo, la organización democrática es infinitamente más legítima que la verticalista, pues cada individuo actúa con **conciencia de sus actos**, **responsabilidad plena** y **madurez**.

Las actitudes democráticas

La **democracia** es una forma deliberativa de gobier-no (es decir que se discuten las decisiones políticas). Nació en la antigua Grecia, hace unos dos mil quinientos años. Pero en aquel entonces no todos gozaban de los mismos derechos y, aunque democracia significa "gobierno del pueblo", en la práctica quedaban excluidos los extranjeros, las mujeres y los esclavos.

Hoy en día, el término democracia adquirió un significado más justo e igualitario, que contempla **la aceptación de las diferencias, la defensa de la razón sobre la fuerza, el respeto de los derechos humanos, y la participación consciente y comprometida de todos los integrantes de una sociedad**.

Construyendo Valores

En la vida cotidiana, a veces tenemos posibilidades de elegir la actitud a tomar, y en otras ocasiones se nos impone. La **mejor convivencia** en familia, entre amigos o en la escuela supone el **respeto mutuo**, el **tener en cuenta las opiniones de los otros** y el **intentar consensos sin disimular las diferencias**; es decir, tener una **actitud democrática, abierta y tolerante**.

Organización democrática con representación

Líderes o dirigentes

↓↑

Miembros del grupo u organización

✳ Los líderes o dirigentes son elegidos.

✳ Sus decisiones fueron discutidas previamente por todos los que forman parte de la organización.

✳ Hay una consulta permanente a los miembros.

✳ Éstos controlan las acciones de sus dirigentes para evitar actos de corrupción o medidas arbitrarias.

✳ Actitudes que se fomentan: participación, solidaridad, responsabilidad, aceptación, tolerancia, diálogo.

EL EJEMPLO DE LOS PUERCOESPINES

Ser tolerante no es decir a todo que sí, y tampoco aceptar aquello que consideramos inaceptable. Se trata de asumir una actitud de puertas abiertas al respeto, la tolerancia, la comunicación y el entendimiento con los demás.

Parecía que los puercoespines estaban condenados a vivir en soledad o a destruirse entre sí. La naturaleza los había dotado de unas largas y fuertes espinas que se extendían por todo el lomo, y funcionaban como arma de defensa contra sus enemigos. Pero, al mismo tiempo, al intentar acercarse a los de su especie, se lastimaban gravemente. Entonces se alejaban unos de otros y buscaban aislarse. Pero, como separados se morían de frío y de tristeza, volvían a juntarse en busca de calor y compañía. Y otra vez se repetían las heridas en común. La convivencia era intolerable y la vida en soledad también. Sin embargo, no se dieron por vencidos. Poco a poco, fueron comprobando que si cada uno dejaba un espacio para que el otro se moviera libremente, podrían convivir sin lastimarse.

Aprendieron así a respetar al otro, a no invadir su espacio, a no someterlo... Aprendieron, pues, que para integrarse y convivir debían respetar ciertos límites necesarios, los de la tolerancia.

Todos somos responsables

La vida en sociedad nos crea responsabilidades que debemos asumir según el rol que desempeñamos en cada ámbito. En la familia, en la escuela, en la comunidad o vecindario y en el país, niños, jóvenes y adultos tienen derechos, pero también obligaciones y responsabilidades que cumplir. Respetarlas es una condición necesaria para desarrollar una sana convivencia y poder disfrutar de todos tus derechos.

Libertad y responsabilidad

¿Qué quiere decir ser responsables? Esta palabra tan importante, y que escuchamos tantas veces, significa **asumir las consecuencias de nuestros actos**. Como somos personas libres, podemos decidir qué hacer ante cada situación. Pero como somos seres sociales, nuestras palabras y nuestras acciones afectan a los que nos rodean, ya sea la familia, los amigos o la comunidad... Por lo tanto, actuar con responsabilidad es **reflexionar sobre las consecuencias de nuestras decisiones, para no perjudicar a los demás y tampoco a nosotros mismos**. Resumiendo: ser responsable no es cumplir con algo impuesto por otros, sino entender que nuestras acciones están relacionadas con otras personas ante las que debemos responder por ellas.

No puedo dejar que lleves la pelota. Yo estoy encargado de guardarla y me parece bien, porque si se pierde o se arruina no podremos jugar...

En las grandes ciudades, es responsabilidad de los conductores respetar las señales de tránsito.

La responsabilidad está relacionada con nuestra disposición para contribuir en una tarea en común. Es decir, poner en sintonía el interés propio con el interés colectivo.

Me gusta ayudar a mis padres. Me siento más "grande"...

Los niños no deben asumir trabajos fuera del hogar a cambio de dinero, pero pueden y deberían colaborar con sus padres en las tareas domésticas, como el aseo del hogar, el cuidado de las mascotas, en las compras hogareñas... ¿y qué más?

Sin duda, tu **poder de decisión** fue cambiando, pero también han cambiado tus responsabilidades.

Los roles en la familia

A medida que vas creciendo, tus responsabilidades van aumentando, porque tienes que tomar **decisiones** por ti mismo. Cuando eras pequeño, dependías, en mayor medida, de las decisiones de tus padres. Cada acto lo hacías bajo la mirada atenta de un mayor. Si esto no ocurría, te sentías desprotegido. Con el correr del tiempo, te fuiste animando un poco más y necesitaste algunos momentos de **intimidad** en los que fuiste aprendiendo a valerte por ti mismo.

Para analizar un ejemplo, podemos hablar de la vestimenta: primero fueron tus padres quienes se encargaron de vestirte, poniéndote una a una cada prenda; luego fuiste aprendiendo a hacerlo por tus propios medios; más tarde, seleccionaste tú mismo la ropa que te ibas a poner; y, posiblemente ahora, hasta cuentas con tus propios ahorros para comprarte el modelo que te gusta.

Diferentes obligaciones

Como sabes, las responsabilidades de los adultos y los niños no son iguales. Los padres tienen autoridad sobre los hijos porque son responsables de su cuidado hasta que sean adultos. Mientras tanto, será obligación de los hijos obedecerles. Los padres les otorgarán mayores responsabilidades para que, paso a paso, se hagan más independientes. Pero si los desobedecen, no les tendrán confianza, pensarán que aún son inmaduros y seguirán tratándolos como si fuesen pequeños. Es responsabilidad de los padres garantizar el sustento económico de sus hijos hasta que lleguen a la edad adulta. Esto significa que, a través de sus trabajos, obtendrán el dinero necesario para alimentación, vestimenta y los demás elementos que les permitan a los hijos desarrollarse como personas.

Construyendo Valores

La responsabilidad es un valor que se construye día a día con voluntad, perseverancia, empeño, fortaleza y optimismo. Sin dejar para mañana lo que deberíamos hacer hoy, sintiendo satisfacción ante el propio esfuerzo y sin desdeñar las pequeñas responsabilidades, ya que éstas nos preparan para asumir otras mayores.

Los roles en la escuela

De igual forma que en tu familia, en la escuela hay distintos roles, autoridades a las que deberás obedecer y responsabilidades que asumir según el año que estés cursando. En efecto, los comportamientos que se esperan de un alumno al empezar su escolaridad no son los mismos que se esperan cuando está por terminarla. La responsabilidad aumenta con la edad, pero también con la experiencia de quien se supone que ya tuvo tiempo de conocer las **normas de funcionamiento** de la institución escolar. Acerca de estas últimas, cabe destacar que son más complejas y quizás más estrictas que las que rigen en una familia. Los horarios son más rigurosos y hay **distintas jerarquías de autoridad**.

Tus padres depositan su confianza y autoridad en la escuela, es decir que le encargan **la responsabilidad de tu cuidado y protección**. La máxima autoridad escolar es la directora pero, como no puede tener bajo su cuidado a todos los niños de diferentes edades que concurren a

Las escuelas son los espacios para incorporar actitudes de responsabilidad personal y hacia los demás.

a estudiar, cuenta con la colaboración de los maestros. Son estos últimos los que tendrán una relación más directa con los alumnos. Las maestras y maestros ejercen autoridad sobre ti porque de ellos depende tu cuidado y el avance de tu aprendizaje. El respeto que les debes guardar es tan importante como el que tienes por tus propios padres: no en vano se dice que **la escuela es el segundo hogar de los niños y jóvenes.**

Responsables en la escuela

- Cumplir con las tareas que nos encomienda el maestro.
- Escuchar y respetar las opiniones ajenas.
- Esmerarse en acrecentar los conocimientos que se poseen y abrirse para incorporar los nuevos.
- Ser solidarios, colaborando sin esperar recompensas.
- Promover la igualdad y el trabajo en equipo, dejando de lado todo tipo de actitudes egoístas, envidiosas, jactanciosas o engreídas.
- Saber reconocer los propios errores.

- No distraerse durante la hora de clase.
- Respetar los símbolos patrios, las autoridades y las instalaciones educativas.
- No discriminar ni prejuzgar.
- Ser tolerantes, generosos y leales, fomentando un clima de confianza y sincero compañerismo.
- Evitar los conflictos innecesarios, midiendo las consecuencias de nuestros dichos y acciones.
- Comprometerse a resolver los problemas y conflictos a nuestro alcance.
- No ser competitivos sino competentes.
- Cuidar las instalaciones y mobiliarios de la escuela tanto o más que los propios.
- Evitar las vulgaridades y bajezas del lenguaje y de las acciones cotidianas.
- Guiarse por la razón y los buenos sentimientos, y no por los impulsos y el instinto

La **cooperación** es un compromiso frente a la vida y los demás. Empieza en la casa, sigue en la escuela, el barrio y se extiende al país en el que vivimos...

En la comunidad y en el país

En un vecindario o comunidad, también existen autoridades. En una sociedad democrática, ese rol lo cumplen las llamadas **autoridades públicas**, que son elegidas por votación entre los ciudadanos, como los alcaldes o intendentes, los gobernadores, los concejales y los legisladores. Los jueces, que no son elegidos por los ciudadanos, se encargan de administrar justicia.

Los policías representan un caso especial, porque su misión es mantener el orden y controlar que se cumplan las leyes y la Constitución. Tienen cierta autoridad pero no es ilimitada, ya que reciben órdenes del gobierno.

Una autoridad puede dar órdenes al resto de los habitantes; pero no puede ordenar lo que quiera, tiene que respetar las leyes. Cuando esto no sucede, estamos ante un **abuso de autoridad** y eso es un delito.

Ninguna autoridad tiene derecho a maltratar, castigar físicamente, secuestrar o torturar a ninguna persona con ninguna excusa. Una persona no puede permanecer detenida más allá del tiempo establecido por la ley si no hay orden de un juez.

Todo individuo deberá ser considerado inocente hasta tanto no pueda ser demostrada su culpa en un **juicio justo**, donde tendrá derecho a defenderse y ser defendido.

Tu misión en la comunidad es colaborar responsablemente con tus autoridades para que en la vecindad haya orden, justicia, seguridad y, sobre todo, respeto por las leyes que todos debemos cumplir para garantizar una buena convivencia.

En nuestra comunidad, intentamos solucionar los problemas entre todos. Y eso significa ser responsable.

Responsabilidades en la comunidad

Si bien las autoridades asumen la responsabilidad de conducir a una comunidad, no pueden tomar como propias todas las responsabilidades, pues algunas son de carácter individual y su cumplimiento está ligado a las actitudes personales y a la educación recibida.

Algunas de las responsabilidades individuales son:

• Cuidar el orden y la higiene de los espacios públicos.
• Respetar y acatar las señales de prohibición determinadas o de permiso para realizar actividades.

Hay personas que integran asociaciones de socorro, como las de bomberos, defensa civil, etc., que tienen vocación de servir a la comunidad y actúan con responsabilidad cuando se producen catástrofes o accidentes.

• Evitar los malos tratos verbales y físicos, buscando medios civilizados para resolver los conflictos.

• Sostener una conducta en defensa de la ecología y el aprovechamiento racional de los recursos naturales, en plena armonía con el desarrollo social sustentable, e identificar a la pobreza y la inequidad social como hechos que atentan contra el orden natural y la ecología.

• No generar más residuos que los necesarios y, a estos últimos, depositarlos en los cestos habilitados.

• Asumir actitudes solidarias y equitativas hacia los sectores sociales más postergados, buscando la igualdad de oportunidades.

• Aceptar los puntos de vista diferentes y, cuando no se comparten, exponer el propio con respeto, tratando de

CONSTRUYENDO VALORES

Si somos responsables, nos hacemos acreedores de la confianza de los demás. Prueba y comprueba. Aquí van más frases sobre la responsabilidad. Reflexiona sobre su significación y coméntalas con tus compañeros.

• **Las pequeñas responsabilidades nos preparan para asumir otras mayores.**

• **Ser responsable es medir las consecuencias de nuestros actos para evitar todo daño.**

• **La solidaridad es una forma de sentirse responsable frente a los problemas de los demás.**

• **El amor a la vida propia y a la de los demás empieza por su cuidado.**

¿Se te ocurren otras frases para agregar?

establecer acuerdos que no perjudiquen a ninguna de las partes.

• Ser cooperativo y cordial con los vecinos, estableciendo el respeto y la comprensión como premisa para la convivencia.

ALGO MÁS SOBRE "SER REPONSABLES"

Responsabilidad es saber que cada uno de mis actos me va construyendo, me va definiendo, me va inventando. Al elegir lo que quiero hacer voy transformándome poco a poco. Todas mis decisiones dejan huella en mí mismo antes de dejarla en el mundo que me rodea. Y claro, una vez empleada mi libertad en irme haciendo un rostro, ya no puedo quejarme o asustarme de lo que veo en el espejo cuando me miro... Si obro bien, cada vez me será más difícil obrar mal (y al revés, por desgracia): por eso lo ideal es adoptando la costumbre... de vivir bien.

De Política para Amador, de Fernando de Savater, Ariel, marzo de 2000.

Cumplir con la palabra dada

Cuando participamos en un grupo (y también entre amigos), es común que nos pongamos de acuerdo sobre las cosas que debemos hacer cada uno. No es necesario escribirlo, basta con decirlo. En estos casos, dar la palabra es comprometerse a cumplir. Una persona responsable es la que cumple con lo que se comprometió. En cambio, se considera que alguien es irresponsable cuando no cumple con su compromiso. Cuando esto ocurre más de una vez, esa persona no resulta confiable. Como verás, **cumplir con la palabra dada es una actitud que favorece la convivencia e, incluso, ayuda a alcanzar un objetivo.**

UNA HISTORIA CON FINAL ABIERTO

La lealtad, un compromiso moral

Este valor expresa un **compromiso de fidelidad** que se debe ejercer libremente, **por convicción** y **no por obediencia o sumisión**. Es un compromiso racional, basado en la sinceridad y la honestidad, que resulta fundamental para el logro de todo proyecto individual, y más aún si se trata de un emprendimiento grupal. No por nada, un grupo de trabajo, por ejemplo, puede desorganizarse por la actitud desleal de uno solo de sus miembros.

La lealtad es la base de relaciones como la amistad, el noviazgo, el matrimonio y la familia. Pero también se puede y se debería ser fiel o leal con uno mismo, es decir, no traicionar las propias convicciones, valores y principios.

A veces, mantener una relación leal no requiere el sacrificio ni el esfuerzo del otro. Pero es en situaciones de conflicto cuando podemos valorar a quien se siente verdaderamente comprometido con su semejante. Se trata, pues, de compartir los malos momentos y las adversidades con **fortaleza** e **integridad**, y con la misma intensidad con que disfrutamos mutuamente del éxito, el bienestar y la alegría.

VALORES ASOCIADOS A LA LEALTAD

Al adherir con lealtad a un grupo, una causa, un proyecto..., debemos hacerlo con **integridad**, siendo auténticos en nuestras actitudes y expresiones. Pero **sin fanatismos** y sin dejar de ejercer una **libertad responsable,** que refleje **nobleza, transparencia y honradez**. De otra manera, podríamos equivocar el camino y asociaríamos nuestra lealtad a los antivalores que tanto destruyen y corrompen a la humanidad. En todos los ámbitos de la vida cotidiana, **la lealtad siempre debe asociarse a la ética.**

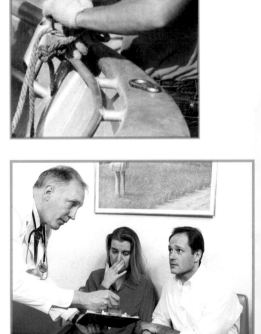

> Me comprometí a terminar este trabajo... ¡Y debo hacerlo!

Los médicos hacen un juramento por el cual dan su palabra de no descuidar a los pacientes.

EL VALOR DE LA PALABRA

Habrás leído o escuchado en antiguas historias sobre el valor superior y honorable de "dar o empeñar la palabra". Lamentablemente, en la actualidad, vemos muchísimos ejemplos de corrupción, sobre todo entre quienes tienen responsabilidades políticas y desilusionan a sus pueblos haciendo lo contrario de lo que se habían comprometido a hacer elegidos para la función pública. Con el apoyo de los medios de comunicación, se ha "globalizado" una cultura superficial, en la que la palabra ha perdido importancia ante la inmediatez de la información.

Esta cultura mediática nos bombardea de palabras huecas, sin peso propio, que no nos dan tiempo para la reflexión y el análisis crítico. Pese a todo esto, ser reconocido como "una persona de palabra" no sólo es un orgullo, sino también una distinción de confianza y responsabilidad que aportará, sin dudas, a una mejor convivencia.

¿HASTA CUÁNDO?

¿Qué clase de mundo soñamos? Si queremos un mundo mejor, donde realmente sea posible convivir en paz, no debemos esperar a mañana para construirlo. Mañana puede ser tarde y tal vez no llegue nunca. Empecemos ya por cambiar nosotros, dejando de lado actitudes egoístas que reflejan injusticia, intolerancia, codicia, violencia..., de este modo, el mundo también cambiará. Para transitar los caminos del cambio necesitamos descubrir esas conductas negativas, reflexionar sobre ellas con una actitud crítica y asumir el compromiso personal de modificarlas. El primer paso para ese cambio social lo daremos a través de la certera visión de Germán Martínez Agote, que nos invita a abrir los ojos a una dura realidad.

Cuando podemos sacar beneficio
engañando al otro,
lo engañamos.

Cuando podemos ascender
de posición social
traicionando a otros,
los traicionamos.

Cuando nos obligan
a dar información falsa,
la damos.

Cuando nos amenazan
si decimos la verdad,
la callamos.

Cuando podemos enriquecernos
a costa de otros,
los explotamos.

Cuando el atender las necesidades
de los otros
nos trae problemas,
las desatendemos.

Cuando alguien paga mejor
nuestros servicios,
aunque los intereses sean oscuros,
nos vendemos.

Cuando soportar el embarazo
y tener un hijo
nos crea problemas serios,
abortamos.

Cuando descubrimos algo de otro
que podemos apropiar
sin que nos descubran,
lo robamos.

Cuando podemos copiar,
copiamos.

Cuando podemos subir
el precio de un artículo
para sacarle mayor ganancia,
lo subimos.

Cuando podemos evadir
impuestos justos,
los evadimos.

Y todo nos parece muy normal;
tan normal que nos resulta raro
quien no lo hace.

(¿Hasta cuándo?)

PERTENECER A UN GRUPO Y PARTICIPAR EN ÉL

Los individuos tenemos dos maneras de formar parte de los grupos sociales, que suelen darse por separado, pero a veces se dan juntas. Podemos **pertenecer** al grupo y podemos **participar** en él. La **pertenencia al grupo** se caracteriza por una entrega del individuo incondicional (o casi) a la colectividad, identificándose con sus valores, sin cuestionarlos, aceptando que se lo defina por tal adhesión... Casi todos nosotros solemos "pertenecer" a nuestras familias y nos sentimos parte obligada de ellas sin demasiado juicio crítico... pero también "pertenecemos" así a un club de fútbol, por ejemplo, y es lo de menos que el club vaya perdiendo o ganando.

La **participación**, en cambio, es mucho más deliberada y voluntaria: el individuo participa en un grupo porque quiere y mientras quiere, no se siente obligado a la lealtad y conserva la suficiente distancia crítica como para decir si le conviene, o no, seguir en ese colectivo. Se puede ser humano de muchas maneras, pero lo más humano de todo es desarrollar la razón, inventar nuevas y mejores soluciones para viejos problemas, adoptar las respuestas prácticas más eficaces inventadas por los vecinos, no encerrarse obstinadamente en lo que siempre ha sido así y en lo que nuestro grupo consideró como perfecto y natural hasta ayer.

La gracia no está en empeñarnos en ser lo que somos sino en ser capaces, gracias a nuestros propios esfuerzos, y a los de los demás, **de llegar a mejorar lo que somos.**

Fernando Savater
Política para Amador.

DECIR SIN PENSAR

**En este relato, el colombiano Gabriel García Márquez
-uno de los más grandes escritores latinoamericanos-
nos cuenta lo que sucede en un pueblo cuando se hace correr
un rumor sin reflexionar sobre lo que se dice.
Cada uno de quienes trasmiten el mensaje agrega algo más,
por lo que el desenlace resulta una catástrofe.**

Un día, una señora, una mujer vieja, sirve el desayuno a sus hijos y mientras lo hace, dice:

—Tengo el presentimiento de que algo muy grande va a ocurrir en este día.

El hijo, un joven de unos diecisiete años, le dice a su vez:

—No creo que ocurra nada importante en este pueblo hoy.

El joven, después de desayunar, sale y se va al billar. Estando allí y mientras se prepara para tirar una carambola bastante sencilla, el hombre que juega con él le dice:

—Te apuesto un peso a que no haces esa carambola.

—Acepto —dice el joven y lanza la carambola, fallando en la ejecución.

—¿Por qué fallaste una carambola tan fácil? —le preguntan.

—En verdad no sé —responde— pero desde esta mañana estoy preocupado, pues mi madre dijo que tenía un presentimiento de que algo muy grande iba a pasar hoy en el pueblo.

El joven se marcha a casa de su abuela y encuentra allí a una prima y les cuenta todo cuanto le ha ocurrido en esa mañana.

La prima se marcha, se dirige a la carnicería y le dice al carnicero:

—Deme una libra de carne.

El carnicero le responde:

—Señora, lo mejor es que lleve dos, ya que todas las personas que han venido en la mañana me han señalado que algo muy grande va a ocurrir hoy en este pueblo.

La señora compra cuatro libras y se marcha.

Al final, toda la carne ha sido vendida en la marcha.

Por la tarde, los hombres que conversan en los corredores de las casas se sienten acalorados, y uno de ellos exclama:

—¿Se han dado cuenta que hoy hace mucho calor?

Otro dice:

—Es el mismo calor de siempre.

—No —dice el primero que habló—, creo que hoy hay algo muy extraño en este calor. Y fíjese —continúa—, se ha parado un pajarito solitario en medio de la plaza. Eso me parece muy extraño.

De pronto un hombre dice:

—Si va a ocurrir algo no me agarrará aquí. Yo me voy.

Recoge todos sus bienes, sus muebles, sus animales y, montándolos en una carreta, se marcha hacia las afueras del pueblo.

Los otros que le observan piensan que si él se marcha ellos también lo harán. Así comienza la caravana, el éxodo de carretas con todos los enseres de los habitantes del pueblo. Uno de los hombres, en el momento de salir de su casa, decide quemar ésta para que aquello que ha de suceder en el pueblo no dañe todo cuanto él ha construido, y así comienza un gran incendio del pueblo. Al final del cortejo, la madre del joven de diecisiete años dice:

—Yo dije esta mañana que tenía un presentimiento de que algo muy grande iba a pasar hoy en el pueblo.

Gabriel García Márquez.

Mañana lo haré

La actitud facilista de dejar para mañana lo que deberíamos hacer hoy suele transformarse en costumbre, una mala costumbre que manifiesta falta de responsabilidad y puede hacer que ese famoso "mañana" no llegue nunca.

Juan el zorro, que como de costumbre había andado todo el día haciendo travesuras y desmanes en nidos y gallineros, sintió repentinamente el frío de la caída de la tarde: —¡Caramba, caramba! ¡Qué frescolina! Llegó la hora de dormir —dijo para sí, castañeteando los dientes, al tiempo que pensaba a quién pediría refugio, puesto que él no tenía casa propia— . Iré a lo de mi compadre el peludo.

Y allá se encaminó, silbando bajito y temblando de frío, mientras los demás animales, acurrucaditos en sus cuevas o en sus nidos, lo veían pasar con desconfianza.

Cuando llegó, golpeó fuertemente la puerta.

—¿Quién anda? —preguntó el peludo.

—Disculpe, estimado compadre, pero me agarró el frío y no tengo dónde "hacer" la noche —dijo Juan el zorro, haciéndose el amable y el humilde —¿Podría "usté" darme cobijo esta noche?

—Mmm... bueh... Pero que sea la última vez, porque esto ya se le ha hecho costumbre, amigo. Le convendría ir pensando en hacer su propia casa. Digo, ¿no?

—Sí, sí, mañana lo haré. Será sólo por hoy...

Y así, un día tras otro, en vez de ponerse a trabajar para tener su propia casa, todas las noches de su vida, Juan va en busca de alguien que le brinde techo y abrigo, diciendo siempre lo mismo:

—Es sólo por hoy... Mañana lo haré..., mañana lo haré...

Parece que Juan el zorro no quiere aprender que ese mañana suele ser nunca. No por nada existe el dicho: "No dejes para mañana lo que puedes hacer hoy".

Adaptación del cuento popular rioplatense de Polo Godoy Rojo.

La democracia, una forma de gobierno y de vida

La democracia es una forma de gobierno equitativa, participativa y responsable. Pero también es una elección de vida, que debemos ejercer no sólo como ciudadanos, en la vida política del país, sino también como habitantes responsables, en todos los ámbitos de la vida cotidiana: la familia, la escuela, el trabajo, el barrio…

Un concepto más amplio

Actualmente, el concepto de democracia no se limita solamente a la esfera del Estado o del gobierno, como se suele pensar. **Los principios democráticos son aplicables a la toma colectiva de decisiones en cualquier tipo de asociación** (desde la familia, el vecindario, los clubes, los equipos de estudio y de trabajo, hasta las naciones y los Estados). En realidad, hay una estrecha relación entre la democracia en el ámbito del Estado y la democracia en las otras instituciones de la sociedad.

En los Estados Unidos, por primera vez se utilizó la propaganda de un partido político con estilo publicitario.
En este afiche se muestra a los dos candidatos a la presidencia del año 1886.

Democracia es libertad

Vivir en democracia es **vivir en libertad,** a través del desarrollo de un pensamiento autónomo y de actitudes **participativas y responsables,** opuestas al egoísmo, y el ventajismo, que nunca aspiran al bien común.

Vivir en democracia es un derecho y una responsabilidad que debe ejercerse en la vida cotidiana y en la vida política del país.

¿QUÉ ES LA DEMOCRACIA?

Es un concepto que nació en la Grecia clásica. Básicamente significa **gobierno del pueblo**. Se trata de un sistema por el cual todos participan, directa o indirectamente, del gobierno. El ejercicio de la autoridad es entendido como algo acordado por la voluntad popular, en beneficio de todos.
En las democracias pluralistas actuales, el gobierno está compartido entre la mayoría y las minorías.

Participar es tomar parte, es no excluirse, es comprometerse con las decisiones que influyen en la vida de todos. Se requiere querer y creer, tener confianza y esperanzas, vencer el miedo y el pesimismo, aceptar que la vida puede ser mejor y que el futuro depende de nuestro propio empeño.

En la vida política

Todos los ciudadanos podemos y debemos:

* **Gozar de todos los derechos y garantías** enunciados en la constitución de cada país.

* Ofrecer resistencia contra quienes ejecutasen actos de fuerza contra el orden constitucional y el sistema democrático.

* **Elegir libremente** a nuestros gobernantes.

* **Afiliarnos** a un partido político con total libertad.

* Presentar proyectos para el bien común ante las Cámaras Legislativas.

* Emitir nuestras opiniones en las consultas populares.

NOSOTROS Y EL MUNDO

Con este poema del colombiano Gonzalo Arango podemos reflexionar acerca de nuestra participación que, aunque sea pequeña, siempre es valiosa.

*Por supuesto, no tengo
la fórmula para salvar
a la humanidad,
Ni siquiera para
salvarme yo.
Pero pienso que
el mundo
no es para dejarlo
ser mundo
de cualquier manera,
sino para hacerlo
nuestro mundo,
a imagen de
nuestros sueños,
de nuestros deseos.*

Gonzalo Arango

En la vida diaria

Todos los habitantes podemos y debemos:

* **Expresarnos y opinar libremente, respetando la opiniones de los demás.**
* **Actuar y participar** para mejorar las cosas que no son como deberían ser.
* **Proponer soluciones** y, en la medida de nuestras posibilidades, cooperar para su logro.
* **Defender** nuestros legítimos **derechos**, que son aquellos reconocidos por la constitución de cada país.
* **Denunciar actos de corrupción y/o enriquecimiento ilícito.**
* **Colaborar y participar** en forma activa en **diversas actividades** que hacen al bien común de nuestras familias, nuestra escuela y nuestra comunidad.

EL PUEBLO DEL ARCO IRIS

Es preferible vivir solidariamente y no solitariamente, aceptando las diferencias y no, negándolas. De este modo, podremos formar una auténtica comunidad en la que cada uno aporte su granito de arena.

En el principio, el mundo estaba quieto y silencioso. El suelo parecía estar cubierto de rocas y piedras de color deslucido. Pero si uno miraba con atención, notaba que las piedras eran personas pequeñitas que no se movían para nada. Un día, un viento sopló sobre la Tierra, hizo que las personas entraran en calor, llenándolas de vida y de amor. Empezaron todos a moverse... a mirarse los unos a los otros... a hablar entre ellos... a cuidarse mutuamente.

Cuando comenzaron a explorar su mundo, encontraron unas cintas de colores tiradas por el suelo. Excitados, corrieron por todas partes juntándolas.

Algunos eligieron el color azul, otros el verde, algunos el rojo y otros más el amarillo. Se divertían atándose las cintas los unos a los otros, riendo del brillo de los colores. Repentinamente sopló otro viento. Esta vez los hizo tiritar de frío. Se miraron, y dándose cuenta de que habían cambiado, dejaron de tenerse confianza. Se juntaron todos los rojos y se fueron corriendo a un rincón. Se juntaron todo los verdes y se fueron corriendo a un rincón.

Se juntaron todos los amarillos y se fueron corriendo a un rincón.

Olvidaron que habían sido amigos y que se habían cuidado entre sí. Los otros colores parecían raros y diferentes.

Construyeron murallas para separarse y para evitar que los otros entraran. Pero descubrieron que:

Los rojos tenían agua pero no tenían nada para comer. Los azules tenían comida, pero no tenían agua. Los verdes tenían leña para hacer fuego, pero no tenían nada que los protegiera. Los amarillos tenían techo, pero nada que les diera abrigo.

diera abrigo.

De repente apareció un desconocido que se paró en el medio. Miró sorprendido, y hablando en voz alta dijo: "Salgan todos. ¿A qué le tienen miedo? Vamos a conversar todos juntos."

La gente lo miraba y despacio fue saliendo de sus rincones dirigiéndose hacia el centro. El desconocido dijo: "Ahora que cada uno explique con qué puede contribuir y qué es lo que necesita que le den".

Los azules dijeron: "Nosotros podemos contribuir con comida pero, necesitamos agua".

Los rojos dijeron: "Nosotros podemos contribuir con agua, pero necesitamos comida". Los verdes dijeron: "Nosotros podemos contribuir con leña, pero necesitamos un techo". Los amarillos dijeron: "Nosotros podemos contribuir con un techo, pero necesitamos calor".

El desconocido dijo: "¿Por qué no juntan lo que tienen y lo compartimos? Entonces todos tendrían suficiente para comer, beber, estar abrigados y tendrían un techo".

Hablaron, y el sentimiento de cariño volvió. Recordaron que habían sido amigos. Derribaron los muros y se dieron la bienvenida como viejos amigos.

Cuando se dieron cuenta de que se habían dividido por culpa de los colores, quisieron tirarlos. Pero sabían que les iba a faltar la riqueza de su brillo. Entonces hicieron algo distinto, mezclaron los colores para hacer una cinta lindísima como un arco iris. Así la cinta del arco iris pasó a ser el símbolo de la paz.

Cuento de Carolyn Askar.

VALORAR EL AMBIENTE EN QUE VIVO

Prácticamente no queda, sobre nuestro planeta, ningún lugar que no haya sido humanizado. Es decir, no hay espacios que no hayan sido modificados por el hombre de alguna forma. Aun aquellos rincones del planeta donde la población humana es escasa o inexistente han sufrido cambios en sus características debido a las acciones humanas, realizadas, muchas veces, a cientos o miles de kilómetros de distancia. Los avances tecnológicos del último siglo, que podrían mejorar nuestra calidad de vida, ocasionan gravísimos problemas por su aplicación irracional. La contaminación del aire, el agua y el suelo es responsabilidad de las empresas que explotan los recursos naturales, pero es imprescindible la participación de todos para revertir este proceso. Un cambio de actitud podrá mejorar el ambiente urbano y el ambiente natural.

"El verdadero problema del medio ambiente es el modelo de desarrollo y una escala de valores que incitan al consumo excesivo."

"Es importante apoyar a los que sufren más duramente la crisis del medio ambiente y alzar la voz por aquellos que no pueden hablar."

Convivir en la ciudad

El ambiente urbano, que tan natural les parece a los habitantes de las ciudades, tiene ya muy poco de natural. Comprende, en realidad, espacios sumamente artificiales, construidos por el hombre y adaptados a sus necesidades. La inmensa cantidad de vehículos y carreteras domina la vida de las ciudades. El conocimiento y el respeto de las normas de tránsito tienen mucho que ver con la convivencia y la supervivencia de los individuos urbanos. La vertiginosa vida de las ciudades se ha hecho impensable sin automóviles, autobuses, camiones, semáforos, señales de tránsito, velocidades máximas, autopistas, etc. Saber convivir en este paisaje requiere conocer sus reglas.

Un ambiente motorizado

Las grandes ciudades de nuestro continente y del mundo tienen muchas **arterias** por donde no circula sangre, como en nuestro cuerpo. Por ellas transitan miles de vehículos a toda hora. Pero en los horarios en que las personas se movilizan hacia sus trabajos, las calles, avenidas y autopistas parecen desbordarse. Cada vez hay más vehículos; sin embargo, día a día, se hace más difícil transitar por las ciudades.

Ser peatón es una especie de condena a la que se ven sujetos aquellos individuos despojados de una carrocería y un motor. El medio de transporte más natural, que es el uso de los pies, parece haber perdido derechos frente a las máquinas que rugen, echan humo y están decididas a llegar antes, aunque deban aplastar bajo sus ruedas todo lo que se les interponga en el camino. Las veredas ya no son seguras para los niños, y mucho menos, las calles. En teoría, esto no debería ser así. Las normas de tránsito establecen límites para los conductores, a fin de mejorar la convivencia y disminuir los riesgos de accidentes que, lamentablemente, cada vez son más numerosos.

Normas de tránsito para el peatón

Es importante que conozcas los derechos y obligaciones del peatón, porque, aunque no puedas conducir por ser menor de edad, circulas entre los vehículos de la ciudad.

Verde, amarillo, rojo

Existen dos tipos de semáforos. El peatonal tiene dos hombrecitos dibujados: uno que parece quieto y otro, que camina. Cuando el primero se enciende debes esperar. Cuando es el segundo el que se prende, puedes cruzar. **Nunca debes empezar a cruzar si el semáforo peatonal con el hombrecito en movimiento no está encendido.** Este tipo de semáforo es el ideal, pero sólo se encuentra en las calles muy transitadas. El más común es el semáforo para conductores, y tiene tres luces. El rojo les indica a los conductores que deben detenerse, el amarillo les señala el cambio

Siempre debes cruzar las calles por las esquinas, haya o no semáforo. Si se trata de una avenida o calle muy transitada, busca una esquina con semáforo y senda peatonal para cruzar. La senda peatonal son unas marcas sobre el pavimento que te indican por dónde cruzar. Los conductores deben detener su vehículo ante ellas para dejarte cruzar, siempre y cuando la luz del semáforo de la calle que cruzas esté en rojo. Nunca esperes sobre el asfalto para cruzar, pues corres el riesgo de ser atropellado.

de luz y que deben prestar atención para detenerse o para arrancar, y el **verde** les advierte que pueden avanzar. Para cruzar con estos semáforos, si eres peatón debes fijarte en la luz que apunta hacia los vehículos que deban transitar por la calle que estás cruzando.

Nunca cruces por la mitad de la cuadra, ni siquiera cuando observes que no viene ningún vehículo. Podría doblar a gran velocidad algún conductor por la esquina más próxima o salir alguien de un estacionamiento y no darte tiempo a cruzar. Por otro lado, los conductores no esperan encontrarte allí porque no está permitido cruzar por ese lugar. Si lo haces, no sólo pones en riesgo tu vida, también la del conductor y otros peatones.

Nunca cruces entre dos vehículos estacionados, ya que podrían moverse y aprisionarte las piernas.

Actitudes responsables en la calle y en el automóvil

Cuando transitas por la calle o te trasladas en automóvil, debes tener en cuenta una serie de normas que, a primera vista, pueden parecerte insignificantes. Sin embargo, son fundamentales para evitar terribles accidentes que pueden poner en peligro tu vida.

Al cruzar una calle, no debes estar conversando, ni escuchando tu walkman ni jugando ni leyendo. Todos tus sentidos deben estar atentos al tránsito. Estar distraído mientras cruzas la calle puede significar que no te des cuenta de la presencia de un automovilista y generar un accidente.

Antes de cruzar debes mirar atentamente hacia ambos lados; por más que los vehículos circulen en un solo sentido, puede haber un conductor distraído circulando en reversa. Incluso, debes hacerlo aunque el semáforo te habilite para cruzar. A veces ocurre que un conductor irresponsable o distraído cruza con el semáforo en rojo.

Si conduces tu bicicleta por la calle, hazlo siempre por la derecha, en la misma dirección que el tránsito, y evita hacerlo donde haya demasiada circulación de vehículos. En esos casos, utiliza la vereda, pero a muy baja velocidad. Detente en cada esquina y mira hacia ambos lados, como si fueses un peatón, antes de cruzar la calle.

Si sacas a pasear a tu mascota, hazlo siempre con correa porque, si no, podría asustarse y cruzar por un lugar indebido, poniendo en peligro su vida, la tuya y la del conductor. Además, es importante contar con una palita y una bolsa para juntar los excrementos; así evitarás ensuciar los espacios públicos y crear posibles focos de enfermedades.

La utilización del cinturón de seguridad puede salварte la vida en caso de choque y te evitará más de un golpe innecesario ante una frenada brusca. En algunos países su uso es obligatorio, pero, aunque no lo fuera, siempre es recomendable usarlo.

Los niños menores de doce años deben viajar en el asiento trasero y ponerse su cinturón de seguridad. En algunos países no se permite a los niños viajar al lado del conductor, ya que es mucho más riesgoso.

Antes de que el vehículo arranque, controla que las puertas estén bien cerradas con la traba de seguridad. Esta medida es importante para no caer al asfalto ante una maniobra brusca o una colisión.

Al descender del automóvil, debes hacerlo siempre por el lado de la vereda pues, si abres rápidamente la puerta del lado en el que circulan los vehículos, podrían llevársela por delante y causarte daños graves. Además, al bajarte, quedarías expuesto en medio del tránsito.

UN VIAJE EN AUTOBÚS

Estos mensajes están incompletos o no están las respuestas. Piensa qué debes agregar para completarlos y cuáles son las repuestas correctas. Luego reflexiona sobre las distintas actitudes.

* ¿Dónde deberían estar esperando el autobús estos jóvenes?..
* ¿Por qué? ....

* ¿Es correcto ascender o descender del autobús cuando aún no se detuvo? ....
* ¿Por qué? ....

* ¿A quiénes debemos cederles el asiento?
....

* ¿Qué podría sucederte si viajas de pie y no te tomas del pasamanos? ....
* ¿Por qué? ....

PARA NO OLVIDAR

Para subirte al autobús debes esperar que esté .... porque si está en movimiento puedes...
Además, debes dejar que suban primero las mujeres embarazadas, las que llevan en sus brazos ....o...........................

La convivencia en las grandes ciudades

Gran parte de las grandes ciudades se caracteriza, en general, por la falta de planeamiento edilicio y de una infraestructura apropiada. Esto dificulta la convivencia de sus habitantes. Pero sea grande o pequeño el centro urbano en el que vivimos, debemos tratar de tener actitudes responsables y que ayuden a mejorar la calidad de vida.

Mucha gente, poco lugar

Las ciudades, en la actualidad, se caracterizan por reunir mucha población en poco espacio. Hay en ellas edificios altísimos con decenas de pisos, que reúnen a cientos de familias.

Es común, también, que los vecinos de una misma cuadra no se conozcan entre sí y, algunas veces, ni los de un mismo edificio de apartamentos.

En estos centros urbanos, donde todo lo que necesitas está más o menos cerca, abundan los medios de transporte, los comercios de todo tipo, lugares de espectáculos recreativos, escuelas, hospitales y muchas cosas más. La ciudad es atractiva por su aparente comodidad. Sin embargo, a veces nos sentimos encerrados, con necesidad de lo que llamamos un **espacio verde**, es decir, un espacio amplio, con vegetación, y pocas construcciones.

Los pulmones de la ciudad

Uno de los problemas más graves en las ciudades es la falta de espacios verdes. Las **plantas** y los **árboles** son sumamente necesarios para la salud humana, porque aportan el oxígeno que purifica el aire que debemos respirar. Cuanta más gente se acumula en las ciudades, más se construye y menos espacio queda para los elementos naturales. Por eso es muy importante cuidarlos.

En los parques y plazas con vegetación, habitan cientos de seres vivos que conviven con las plantas, como los insectos, las aves, y hasta microbios que colaboran para que la tierra más fértil para ofrecer más nutrientes a las plantas.

Ayudar con tus actitudes a que estos pocos espacios naturales, dentro de la ciudad puedan seguir existiendo es una obligación que te impone el derecho que tienes a disfrutarlos.

La naturaleza en casa

Cultivar y cuidar los vegetales no es sólo una cuestión decorativa, sino fundamentalmente una necesidad biológica. Tú necesitas del oxígeno que te puede dar una planta, tanto como la planta te necesita a ti para que la riegues y protejas de quienes quieran hacerle daño.

Tener tu propio jardín y cuidarlo es algo que te hará sentir muy bien y para lo que no se requieren demasiados recursos. Sólo alcanzan algunas macetitas colocadas en el balcón o cerca de alguna ventana, si es que no posees patio en tu hogar, y podrás tener útiles y fieles mascotas que crecerán contigo.

Seguramente a tus padres les gustará la idea y colaborarán para hacerla realidad.

Construyendo Valores

Los parques son lugares para jugar y disfrutar. Pero como son espacios públicos, es decir, para todos, debemos cuidarlos. ¿Qué podemos hacer nosotros?

* No cortar las ramas de los árboles, dañar el césped, apedrear a los pájaros.

* No romper los bancos, ni los juegos.

* No arrojar basura en el suelo, sino en cestos adecuados.

* No permitir que nuestras mascotas hagan sus necesidades en el césped. En ese caso, recoger los excrementos con una bolsita.

Piensa en otras actitudes que podamos desarrollar para que los parques sean lugares para compartir y gozar.

Comunicación e incomunicación

Con el avance tecnológico de los medios de comunicación -abundancia de teléfonos, celulares, faxes, computadoras-, algo extraño sucede entre los humanos: les gusta cada vez más hablar a través de un aparato pero le tienen pánico al diálogo cara a cara. Lo primero que hace una persona cuando responde al 'llamado' del teléfono es decir "hola" sin saber con quién está hablando; pero cuando se encuentra con sus vecinos, la mayoría de las veces prácticamente ni saluda. El **miedo** y la **inseguridad** han convertido a los habitantes de la ciudad en una especie de robots, máquinas insensibles que rara vez se dirigen la palabra entre ellos.

Por qué no nos comunicamos?

En la era de las comunicaciones, cada vez son más los psicólogos que atienden a las personas que se sienten incomunicadas; en el caso de los niños, es frecuente la falta de diálogo con sus padres. Los maestros también se quejan de una carencia de vocabulario que hace que los niños no encuentren palabras para expresar lo que les pasa.

La "selva de cemento", como se suele denominar a las grandes ciudades, alberga a demasiada gente que, a pesar de vivir como "apretados" por la falta de espacio, se hallan cada vez más separados a causa de la **incomunicación**.

¿DIALOGAMOS EN FAMILIA?

Te proponemos tres motivos de reflexión para ayudar a la comunicación con tus padres y hermanos. ¿Qué tal si lo tienes en cuenta?

Cuenta	en qué momentos del día habitualmente dialoga tu familia.
Señala	alguna ocasión en la que te negaste a dialogar.
Redacta	una iniciativa personal para favorecer el diálogo en la familia (por ejemplo, apagar el televisor durante las comidas).

El compromiso con nuestro hábitat

Al comenzar el siglo XXI, el pronóstico de nuestro planeta es reservado. La cultura de lo "descartable" se diseminó rápidamente. Y ya no nos queda lugar donde poner tanta basura. Además, se usa y se abusa de los recursos naturales, muchos de los cuales se están agotando. A pesar de que no todos tenemos la misma responsabilidad en la destrucción de la naturaleza, salvarla es un deber de todos. Cuando los aires no se puedan respirar y las aguas no se puedan beber, ya será demasiado tarde.

Más consumo, más basura

Mientras crece la población, aumenta la cantidad de productos de consumo, a veces necesarios y otras, no tanto. La cultura de lo "descartable" se desparramó rápidamente a lo largo y ancho del globo terráqueo. Las cosas se hacen para que duren poco tiempo y se las reemplace continuamente por otras más avanzadas tecnológicamente, o sencillamente con diseños más modernos. **Ya no nos queda lugar donde poner tanta basura.** La fiebre de tener, de acumular objetos nos lleva muchas veces a invadir de artefactos nuestros hogares. Todo viene empaquetado y ningún fabricante de plásticos se pregunta adónde irá a parar semejante cantidad de desperdicios. A la naturaleza le llevará miles de años descomponerlos para asimilarlos.

De continuar así, tal vez nuestros nietos no conozcan otra cosa que el césped sintético, las flores artificiales y los alimentos químicos. El nombre de nuestro planeta Tierra será sólo un recuerdo de lo que alguna vez sus antepasados pisaban. Lamentablemente, son pocas las personas conscientes de este asesinato de la naturaleza que, día a día, vamos cometiendo.

¿Qué se puede hacer con tanta basura?

El **reciclado de la basura** es una posible alternativa para cuidar el medio ambiente. Con ese objetivo, en algunos países se separan los residuos orgánicos, de los plásticos, vidrios, aceites y metales. De esta forma, se pueden volver a aprovechar aquellos materiales que perjudican a la naturaleza, y evitar su acu-

mulación; y, por otro lado, todos los restos de comida, madera y papel (residuos orgánicos) pueden ser devueltos al suelo para enriquecerlo. Si todos comenzáramos a hacerlo, tendríamos un mundo más limpio y sano.

Observa estas situaciones:
¿Qué reflexión te sugieren?
¿En cuál se defiende el medio ambiente?

CUIDADO CON EL MEDIO AMBIENTE

¿Cómo podemos ayudar nosotros en la limpieza de nuestro medio ambiente? Para empezar, sería bueno que respetásemos el espacio que habitamos y **no arrojáramos residuos en cualquier parte y sólo en los botes de basura destinados a tal fin**.

¿Qué hacemos cuando vamos a lugares agrestes para disfrutar del paisaje y del aire libre, y no encontramos recipientes donde dejar los residuos de la comida, los envases vacíos de plástico o de vidrio? **Deberemos guardar todo en una bolsa, que llevaremos de vuelta a casa, para arrojarla con la basura domiciliaria**.

La contaminación del aire

Las inmensas nubes de smog (mezcla de gases nocivos), que rodean a las grandes ciudades, generan el llamado **efecto invernadero**. Debido a esto, el planeta entero se ha recalentado y corremos el riesgo de que comiencen a derretirse los hielos polares y crezca el nivel del mar.

Muchas regiones del planeta podrían quedar sumergidas bajo las aguas, y sufriríamos temperaturas altísimas que volverían inhabitables a muchos territorios.

Los gases emanados de los aerosoles y las radiaciones nucleares producidas por los armamentos atómicos han afectado la composición química de la atmósfera (nivel universal), adelgazando la llamada capa de ozono, fenómeno que se conoce como **agujero de ozono**. El ozono es un gas que se encuentra a gran altura y sirve como filtro para que los rayos ultravioletas del sol, que son muy peligrosos, no lleguen a la superficie de la Tierra y pongan en peligro a sus seres vivos.

CONSTRUYENDO VALORES

Qué podemos hacer ante la contaminación del aire?

* Evitar el uso de aerosoles.

* Utilizar lo menos posible los automóviles, reemplazándolos por el transporte público o la bicicleta.

* Oponernos a la instalación de usinas nucleares, y a la utilización de armas atómicas y químicas.

* Defender los espacios verdes que purifican el aire, cuidándolos y creándolos en nuestro propio hogar.

Respeto por los recursos naturales

Algunas personas actúan como si el planeta fuera un objeto descartable que se puede usar hasta agotarlo. Pero, ¿de dónde sacaremos otra Tierra cuando el planeta se halle en tan mal estado que se transforme en un planeta inhabitable?

¿A qué llamamos progreso?

Desde tiempos remotos, el sueño de los hombres parece haber sido el total **aprovechamiento de la naturaleza**. Por ejemplo, inventó los diques para contener las aguas y los canales para desviar los ríos. Todo esto parece absolutamente positivo; sin embargo, cada avance también produjo efectos no deseados: la acumulación de aguas en las represas provocó inundaciones imprevistas, el cambio del curso de los ríos generó sequías en algunos sitios y desbordes en otros. Pero además de los problemas ecológicos, los recursos naturales, que son necesarios para la vida humana, corren el riesgo de acabarse porque son explotados irracionalmente.

LA NATURALEZA NO ES UNA MERCANCÍA

En algunos países de América Latina, las grandes empresas, dueñas de casi todo, se dedican ahora a comprar reservas naturales para construir allí imponentes hoteles y venderle a la gente la posibilidad de disfrutar de la naturaleza que ellos mismos contribuyeron a destruir. Los inversores (así se llama a quienes tienen el poder de comprarlo todo) están empeñados en "invertir" nuestros valores. **¿Podremos darnos cuenta a tiempo de que la naturaleza no puede comprarse ni venderse?**

CONSTRUYENDO VALORES

El progreso no está mal, salvo cuando se lo vincula a los negocios, porque entonces se transforma en un medio para ganar dinero de la manera más rápida y sin prever las consecuencias futuras. ¿Será posible encontrar una forma de progresar en armonía y equilibrio con la naturaleza?
Quizá, para ello, los seres humanos debiéramos cambiar esa actitud de querer dominarlo todo por la de apreciar lo que tenemos y saber conservarlo.

En los cursos de agua se arroja todo tipo de desechos industriales y los producidos por la combustión.

La contaminación del agua

El agua es un elemento fundamental para la vida. El cuerpo de todo ser vivo contiene una gran proporción de este líquido y requiere de su consumo para sobrevivir. **Nuestro planeta posee su superficie cubierta por un 75% de agua.**

Sin embargo, más del 90 % de ella es salada, conforma mares y océanos, y no es apta para el consumo humano. Requeriría un tratamiento muy complejo y costoso de potabilización. La mayor reserva de agua potable se encuentra en los hielos polares, pero su traslado hasta el continente sería muy dificultoso. Sólo nos quedan, entonces, **las aguas de los ríos, lagos y lagunas, las napas** subterráneas, que son como ríos que corren debajo del suelo, las nieves de las altas montañas y las lluvias. Lamentablemente, esas fuentes de agua dulce son contaminadas por diversos factores, siendo los más peligrosos los productos químicos que utilizan las empresas y la actividad agrícola. También se contaminan por la falta de cloacas en grandes aglomerados urbanos. En la actualidad, cuatro de cada cinco enfermedades comunes en los países en desarrollo están causadas por agua contaminada o falta de saneamiento.

CONSTRUYENDO VALORES

¿Qué podemos hacer nosotros? En principio, cuidar el agua potable de la que disponemos.

No dejemos las llaves abiertas. Tratemos de **gastar razonablemente el agua de red**. En cuanto a la contaminación, busquemos organizarnos y comprometer nuestra participación para evitar que las plantas industriales sigan arrojando residuos tóxicos a los cauces de agua dulce.

AGUA POTABLE

En la ciudad de Buenos Aires, situada a orillas del Río de la Plata, que es el más ancho y uno de los más caudalosos del mundo, las aguas están peligrosamente contaminadas.

No sólo las del imponente río, sino también la de los arroyos y ríos afluentes. Hasta las aguas subterráneas se encuentran contaminadas a una profundidad que supera los cien metros.

Este problema se repite en otras ciudades, como en México, donde el agua de red no se puede beber y se deben consumir aguas envasadas.

La vida: un bien sagrado

Defender la vida en todas sus formas debería ser un mandamiento universal, más allá de toda religión, cultura o patria con la que nos identifiquemos. Si esta actitud fuese adoptada por todos los humanos, no existirían las guerras, ni los homicidios; los animales dejarían de estar en peligro de desaparecer; los bosques y selvas no seguirían extinguiéndose como si se los tragara la tierra, y podríamos disfrutar de un mundo más sano, equilibrado y acogedor. El equilibrio natural, que ha sido alterado por la mano del hombre, depende exclusivamente de nosotros. El desafío para este nuevo milenio es salvar la naturaleza y, para esto, es imprescindible el respeto por la vida.

El equilibrio natural

La naturaleza lleva millones de años de existencia. Allí donde los humanos no han intervenido demasiado, se puede observar un **perfecto equilibrio**.

Esto significa que ningún ser vivo prevalece sobre los otros, sino que conviven en armonía.

Los árboles altos y bajos, las plantas grandes y las pequeñas, los animales herbívoros y carnívoros, y también los insectos, hongos y bacterias, cada uno ocupa su espacio y cumple su rol, formando una **red alimentaria**.

Cuando los hombres atacan a determinada especie, todo se desordena, y se rompe el equilibrio. Esto puede ser producido por la caza desmedida, pero también por la incorporación de plantas o animales exóticos (de fuera de ese lugar) que, al no tener predadores (quien se los coma), rompen la cadena y generan un desequilibrio al ocupar el espacio de otros. En ambos casos, la supervivencia del conjunto **se ve amenazada**, y algunas especies pueden extinguirse (desaparecer).

La importancia de las plantas

Los **vegetales** cumplen un papel fundamental en la preservación del medio ambiente, porque **aportan el oxígeno** necesario para que **se desarrolle la vida sobre el planeta.**

La gran disminución de bosques y selvas durante el último siglo, debido a la tala indiscriminada e irracional, y el desmonte para la cría de ganado, han puesto la atmósfera en peligro.
Cada segundo perdemos, en todo el mundo, una superficie de **bosque** equivalente a **un estadio de fútbol.**

Árboles que a la naturaleza le ha llevado varios siglos levantar, se desploman en cuestión de minutos ante las afiladas sierras del hombre, o se consumen en cuestión de horas, devorados por el fuego que alguna mano humana encendió descuidadamente o con intención.
Como consecuencia, en numerosas regiones enteras **se ha cambiado el clima.** Donde antes llovía, ahora hay grandes sequías, y donde había buenas tierras cultivables, hoy hay tierras inundables.

CONSTRUYENDO VALORES

Cada vez que un árbol cae, todo **nuestro planeta Tierra sufre.** Cuidar y querer a los árboles y a las plantas es cuidarte y quererte a ti mismo. Piénsalo.

LA NATURALEZA SE AGOTA

Durante mucho tiempo, el hombre se negó a considerar que recursos como el agua, el suelo, el aire o las fuentes de energía podían agotarse. Hoy sabemos que se pueden acabar y que la acción destructiva del hombre tiene mucho que ver en ello. Por eso, en las últimas décadas han surgido movimientos ecologistas y hasta partidos políticos, como los "verdes" que toman parte activa en defensa de la vida, la ecología y la buena salud del planeta.

Cada vez hay menos animales

El reinado del hombre sobre la Tierra nos deja la sensación de que no somos tan buenos monarcas como creíamos. **Nuestra comarca se ha ido transformando en un reino sin súbditos**. Poco a poco, los espacios naturales se han ido reduciendo, y, con ellos, las más variadas formas de vida. Nuestras reiteradas sentencias de muerte para distintas especies animales nos están llevando a quedarnos sin animales sobre el planeta. Los dinosaurios se han extinguido por una catástrofe natural varios millones de años antes de que apareciera el hombre, pero si hubieran podido sobrevivir, se encontrarían hoy en las mismas condiciones que cientos de especies para las que su única catástrofe fue nuestra existencia y dominio.

Los seres humanos, en su afán de progreso económico, han ido **transformando** a la naturaleza y **conquistando territorios salvajes** para adaptarlos a sus actividades. Con dicho fin, ha ido exterminando a los animales que

CONSTRUYENDO VALORES

Tal vez, el habernos considerado en lo más alto de la escala animal, nos haya hecho pensar que teníamos el privilegio de quitarle la vida a todo lo que se mueve y arrancar las plantas de su lugar. Nos hemos comportado como verdaderos tiranos en nuestro reino, pero los tiranos nunca han tenido un buen final en la historia. ¿No crees que es hora de cambiar de actitud? Respetar y ampliar los espacios de vida salvaje es una necesidad para que la naturaleza no desaparezca, y un deber de quienes tanto daño le hemos hecho.

habitaban dichos lugares hasta hacerlos desaparecer casi por completo. En los cuentos infantiles que aprendimos desde chiquitos, el lobo feroz siempre tuvo el papel de malo. Sin embargo, no hay lobo más feroz que nosotros mismos. Ningún lobo mata a sus víctimas por placer, como sí lo hacen los cazadores humanos, sino para saciar su hambre. Es poco común que un animal mate a otro de la misma especie como hacemos nosotros en las guerras. En definitiva, somos el **predador** más temi-

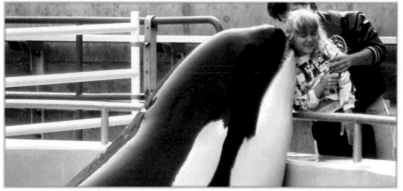

ble e incontrolable de la naturaleza, al punto de haber transformado a los animales en rarezas de zoológico, circo o museo. Si no cambiamos a tiempo nuestra actitud hacia los seres vivos que nos rodean, tal vez nuestros hijos sólo puedan conocerlos por dibujos o fotografías.

Salvemos lo salvaje

Cada uno de nosotros puede ayudar a respetar la vida. En primer lugar, **cambiando la actitud de creernos los dueños de todo**, como si tuviésemos el derecho divino de andar curioseando y molestando a los animales y plantas por cualquier lugar. En segundo lugar, **dejar de pensar que tenemos más derecho a vivir que ellos**. Esto nos ha llevado a justificar sus matanzas, haciendo de los animales peligrosos enemigos, en lugar de respetarles su espacio y derecho a vivir. Algo parecido su‾ cede con las plantas, a las que a veces dañamos o arrancamos de su lugar por capricho o comodidad, sin buscar alternativas para respetar su derecho a la vida. ¿No crees que los humanos hemos sido demasiado salvajes con lo salvaje, y que ya es hora de cambiar nuestra actitud?

Preocupados por el ambiente

A fines del siglo XX y comienzo del XXI, son muchísimas las **organizaciones ecologistas** que luchan pa‾ ra preservar el mundo natural y, en forma especial, la vida salvaje o silvestre. Estos grupos de personas no se identifican con una nación sino con un conjunto de valores. Intentan hacer que las personas tomen conciencia de la grave situación en que se encuentra la naturaleza debido a las acciones del hombre, que muy poco la ha respetado. No buscan ser gobierno. Su objetivo es **que los gobiernos promuevan leyes que ayuden a conservar el medio ambiente**, es decir, que protejan a los seres vivos y creen las condiciones necesarias para que esto suceda.

Observa estas imágenes y piensa en cuáles se está respetando la vida salvaje.

¡ATENCIÓN!

A pesar de que no todos tenemos la misma responsabilidad en la destrucción de la naturaleza, salvarla es un deber de todos. Esperar de los grandes responsables del desastre ecológico un cambio de actitud puede significar quedarnos de brazos cruzados ante nuestra propia destrucción. ¿Qué podemos hacer?

Informarnos y tomar conciencia sobre todos los problemas ecológicos locales y mundiales.

Participar en la búsqueda de soluciones para los problemas ambientales de nuestra comunidad.

Conocer las leyes sobre medio ambiente de la Constitución e integrar grupos que promuevan la participación de los ciudadanos para que se cumplan.

Difundir los problemas ambientales por medio de la prensa y de campañas comunitarias.

Fomentar la creación de reservas naturales en los sitios cercanos a la comunidad.

Promover la protección de las especies en peligro de extinción en la región donde vivimos.

Participar o crear grupos ambientalistas.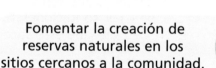

¿Somos todos culpables?

En los países industrializados, habitados por la décima parte de la población mundial, se producen las tres cuartas partes de la basura de la Tierra y los efectos químicos más contaminantes. La supuesta "buena vida" de los países desarrollados la pagamos entre todos con el aire, las aguas y los suelos contaminados. El lujo y el derroche de unos pocos nos perjudica sin distinciones, aunque, claro está, quienes inventan el veneno suelen inventar también el antídoto. Las grandes empresas a las que, hasta ayer, poco le importaban los gases que emanaban sus chimeneas, los contaminantes líquidos que arrojaban a los ríos o los pesticidas con que envenenaban las tierras, hoy se han convertido en defensoras de la ecología.

Quizás un súbito ataque de arrepentimiento las ayude a limpiar sus crímenes contra la naturaleza. Sin embargo, lejos de hacer una autocrítica, intentan repartir las culpas por igual: para ellas es tan culpable quien ensucia la acera como quien arroja una bomba atómica

Interesarnos por el medio ambiente significa interesarnos por un mundo donde todos podamos vivir dignamente.

"NOSEPUEDE"

En el pueblo de Nosepuede, nadie jamás había probado juntarse con otro para pensar, para trabajar o compartir.

Sus habitantes vivían aislados porque no se tenían confianza unos a otros. Ni siquiera entre hermanos se llevaban bien, y ni se les ocurría ayudarse. Cada uno pensaba que el otro podía arreglárselas solo; después de todo, siempre había sido así. Con el tiempo se habían convertido en personas demasiado orgullosas como para admitir que necesitaban ayuda.

Como no les gustaba ser ayudados, no existían los maestros ni las escuelas. Cada uno aprendía su oficio observando a otro y se las ingeniaba para realizarlo lo mejor posible. Claro que por algo el pueblo se llamaba como se llamaba. Es que por este capricho de sus habitantes, había un montón de cosas que no se podían hacer: mover objetos pesados, compartir un juego, construir algo grande. De modo que todo allí era pequeño, liviano y para disfrutar en soledad.

Shara era una niña muy cuestionadora y no la conformaba la idea de resignarse a hacer sólo las pocas cosas que se podían.

En una de esas aburridas y solitarias tardes, observó algo que cambiaría su forma de pensar para siempre. Una hormiguita intentaba levantar una inmensa rama caída, y por supuesto que no podía.

—¡Pobre hormiguita, jamás podrá levantar semejante carga! —pensó Shara.

Pero de inmediato se acercó otra hormiga, luego otra, y otra más, hasta que por fin las

hojitas más pequeñas comenzaron a temblar. El tronco se estaba desplazando lentamente hacia el hormiguero.

—No podrán hacer que semejante rama entre en ese pequeño agujerito —pensó Shara. Pero entonces vio cómo con sus diminutas boquitas, las hormiguitas cortaban la rama en trocitos muy pequeños y separaban las hojas. En minutos, la inmensa rama se había transformado en un montón de aserrín. Tiempo después, se colaba por el diminuto orificio, tal como el agua al desagotar la batea de lavar la ropa.

Entonces, alzó la vista y vio cerca de ella a su madre, que estaba tratando de mover una enorme tinaja con agua, pero no podía. Se acercó y, sin darle tiempo a reaccionar, juntó sus brazos a los de ella hasta que el gran recipiente cedió y comenzó a desplazarse.

—Hubiese jurado que no podía, pero..., hijita, creo que entre las dos lo logramos...

—Sí, mamá, lo logramos. Hoy aprendí que lo que parece imposible para uno, no lo es cuando se unen las fuerzas.

Desde ese día, la gente de Nosepuede comenzó a unir fuerzas, a ayudarse y a poder. Poco después, decidieron cambiarle el nombre al pueblo: le pusieron "La Unión". Y construyeron escuelas, clubes, sociedades de fomento y muchos otros lugares donde compartir las ilusiones, para que lo que antes parecía imposible ahora se haga realidad.

Flavio Gabaldón.

LA MADRE TERESA DE CALCUTA

Conocida mundialmente por su labor solidaria, la madre Teresa de Calcuta propició una manera diferente de entender la pobreza: conocerla por dentro, vivirla... ser uno más. Guiada por su profundo amor hacia la humanidad, abandonó la seguridad del convento para encontrar su hogar entre los pobres y desamparados. Trabajó sin descanso hasta sus 87 años, para cubrir las necesidades básicas de miles de niños y enfermos. Su congregación, las Misioneras de la Caridad, que cuenta en la actualidad con más de 600 hogares en alrededor de 120 países, continúa su obra solidaria.

La pasión en actos cotidianos

• *"Llevemos el amor y la paz a nuestros hogares y tendremos paz en el mundo."*

• *"El amor, para que sea auténtico, ha de herir. Si queréis de verdad amar a los pobres, tenéis que compartir con ellos."*

• *"Si queréis que desaparezca la pobreza, compartidla."*

• *"Para ser capaces de comprender a los pobres, tenemos que saber lo que es la pobreza."*

• *"Tenemos necesidad de ser pobres: ésa es la razón de que en nuestro Instituto la pobreza sea libertad para nosotras. Sea fuerza. ¡Sea alegría!"*

• *"Si amo, estaré dispuesta a servir."*

Recibimos gratis y gratis damos

"No ha habido un solo día en que hayamos rechazado a nadie, en que no hayamos tenido alimento, en que nos haya faltado cama o algo. Y eso a pesar de que tenemos que tratar con millares de personas.

Tenemos 53.000 leprosos y, sin embargo, jamás uno de ellos ha tenido que ser rechazado por falta de medios.

Ocurre ininterrumpidamente, a pesar de que no tenemos sueldos, ni entradas ni nada.

Recibimos gratis y gratis damos.

Sólo en Calcuta, nos ocupamos diariamente de 7.000 personas.

Si un día no cocinamos, ellos no comen.

Un viernes por la mañana, la hermana encargada vino a mí y me dijo: 'Madre, no hay alimentos para viernes y sábado. Tenemos que decir a la gente que no tenemos nada para darles hoy y mañana'. Quedé perpleja, sin saber qué decirle.

Pero hacia las 9 de la

Madre Teresa de Calcuta (1910- 1997). En 1979 fue distinguida con el premio Nobel de la Paz.

mañana, el Gobierno, por alguna razón desconocida, cerró las escuelas y todo el pan que estaba destinado a los niños nos fue enviado, y nuestros niños, lo mismo que nuestros 7.000 asistidos, comieron pan y pan durante dos días. Jamás habían comido tanto pan.

Nadie en toda la ciudad pudo saber por qué habían sido cerradas las escuelas, pero yo lo sabía. Yo sabía de la delicada solicitud de Dios. Yo sabía de su amor lleno de ternura."

EL LEGADO DE GANDHI PARA EL SIGLO XXI

Mahatma Gandhi fue un "*activista iluminado e iluminador*" que nos dejó valiosas enseñanzas de vida, basadas en:

- *El abandono de la codicia materialista, del egoísmo, de la violencia y de todos los valores negativos que deforman al hombre moderno.*

- *La práctica de valores positivos como el amor, la compasión, el respeto, la comprensión, el entendimiento, la aceptación y la dedicación por todos los demás.*

Mohandas Karamchand Gandhi (1869-1948) fue maestro de sabiduría y compasión.

UN MUNDO DE PAZ

Entre sus sabios pensamientos seleccionamos los siguientes:

"La no violencia no es una vestimenta que uno se pone y se saca a voluntad. Su sede se encuentra en el corazón, y debe ser una parte inseparable de nuestro ser."

"La no violencia es un instrumento al alcance de todos: niños, jóvenes o adultos, con tal que crean efectivamente en el Dios del amor y extraigan de esa fe un amor igual para con todos."

"El ojo por ojo termina haciendo que el mundo se quede ciego."

"La humanidad tiene que salir de la violencia sólo a través de la no violencia. El odio puede ser vencido únicamente por el amor."

"Los derechos que no fluyen de un deber bien cumplido no valen la pena."

"Donde hay amor, allí también está Dios."

"El amor jamás reclama, siempre ofrece. Nunca se venga."

A modo de conclusión

A medida que creces, te vas preparando para actuar en un espacio más amplio que el de la familia y el de la escuela. Lo que está fuera de esos ámbitos, posiblemente aún no te afecte tanto como tu relación con tus padres, hermanos o amigos. Pero es allí donde te irás formando como persona autónoma, capaz de tomar decisiones.
Es por ese motivo que, en todas estas páginas, estuvimos hablando de valores y actitudes, tratando de que reflexiones sobre ellos y los difundas. Quizás te preguntes por qué interesarse en estos temas cuando la realidad nos muestra tanta indiferencia y egoísmo. Bueno, de eso se trata: que busques una forma de vida más digna. No te desalientes, en el camino encontrarás muchas personas que también están buscando lo mismo.

Valores distorsionados

A esta altura de la humanidad, todos somos conscientes de que **la vida** y **la dignidad** humanas son los valores más importantes. Sin embargo, el panorama que observamos indica que todavía hay trabas enormes que vencer para que esos valores se hagan carne en todos los habitantes del planeta. Las guerras, el hambre, la desnutrición, la desocupación, el empleo de la fuerza desde el Estado y todas las injusticias a las que son sometidos muchos habitantes del planeta tienen sus causas en el egoísmo de unos pocos. Son los mismos que causan la destrucción del medio ambiente, al hacer un uso irracional de los recursos naturales.

Una búsqueda que vale la pena

"¿Por qué debo pensar en todo eso? A mí me interesa estar con mis amigos, escuchar música, hacer un deporte..." Es lógico que pienses así.
Todos queremos disfrutar, a nadie que esté mentalmente sano le gusta sufrir. Pero si queremos ser **personas íntegras**, nos preocuparemos por la integridad de los demás.
Esto significa desechar el individualismo y la prepotencia como actitudes ante la vida. Y practicar, en cambio, todas esas actitudes que nos ponen en sintonía con nosotros mismos y con los demás. ¿Estás preparado/a para el desafío?

CONSTRUYENDO VALORES

P or una cultura de paz y no violencia, un grupo de premiados con el Nobel de la Paz creó el Manifiesto 2000. ¿Te sumas a este compromiso? ¿Con qué actitudes puedes colaborar?

"Reconociendo mi parte de responsabilidad ante el futuro de la humanidad, especialmente de los niños de hoy y de mañana, me comprometo en mi vida diaria, en mi familia, mi trabajo, mi comunidad, mi país y mi región a:

- *respetar la vida y la dignidad de cada persona, sin discriminación ni prejuicios;*
- *practicar la no violencia activa, rechazando la violencia en todas sus formas (física, sexual, psicológica, económica y social), en particular hacia los más débiles y vulnerables, como los niños y los adolescentes;*
- *compartir mi tiempo y mis recursos materiales, cultivando la generosidad, a fin de terminar con la exclusión, la injusticia y la opresión política y económica;*
- *defender la libertad de expresión y la diversidad cultural, privilegiando siempre la escucha y el diálogo, sin ceder al fanatismo, ni a la maledicencia y el rechazo del prójimo;*
- *promover un consumo responsable y una forma de desarrollo que tenga en cuenta la importancia de todas las formas de vida y el equilibrio de los recursos naturales del planeta;*
- *contribuir al desarrollo de mi comunidad, propiciando la plena participación de las mujeres y el respeto de los principios democráticos, con el fin de crear nuevos lazos de solidaridad."*

Por una mejor convivencia

HAZTE AMIGO...

Hazte amigo de ti mismo.
Hazte amigo del optimismo y de la buena onda.
Hazte amigo de las circunstancias.
Hazte amigo de las dificultades.
Hazte amigo de hacer favores.
Hazte amigo de la tradición.
Hazte amigo de la Creación.
Hazte amigo de tu enemigo.
Hazte amigo de la alegría.
Hazte amigo de la ecología.
Hazte amigo de la vida, con "alma y vida".
Hazte amigo del infinito, con infinita paciencia.
Hazte amigo del Todo, del mejor modo.
Hazte amigo de la paz y demuestra ser capaz
de superar odios y prejuicios.
Hazte amigo del tiempo, a tiempo.
Hazte amigo de tu paso por la Tierra
y proyecta tu vida, más allá de tu propia vida.
Hazte amigo del semejante.
Hazte amigo del diferente.
Hazte amigo de lo natural, simple y frugal.
Hazte amigo de la comprensión, la calma y la serenidad.
Hazte amigo del canto, la risa y el movimiento.
Hazte amigo de los Valores Universales.
Hazte amigo de tus vaivenes emocionales
y manéjalos con tacto y buen humor.
Hazte amigo de los cambios
y cultiva tu capacidad de adaptación.
Hazte amigo de tu pasado, tu presente y tu futuro...

Isidoro Stolier